牢记嘱托启新篇

贯彻"三个着力"重要要求 推进"十项行动"见行见效

中共天津市委宣传部 编著

天津出版传媒集团

天津人民出版社

图书在版编目（ＣＩＰ）数据

牢记嘱托启新篇：贯彻"三个着力"重要要求 推进"十项行动"见行见效 / 中共天津市委宣传部编著. -- 天津：天津人民出版社, 2023.5

ISBN 978-7-201-19417-2

Ⅰ.①牢… Ⅱ.①中… Ⅲ.①社会主义建设 – 调查报告 – 天津 Ⅳ.① D672.1

中国国家版本馆 CIP 数据核字 (2023) 第 076009 号

牢记嘱托启新篇：贯彻"三个着力"重要要求 推进"十项行动"见行见效
LAOJI ZHUTUO QI XINPIAN: GUANCHE "SANGE ZHUOLI" ZHONGYAO YAOQIU TUIJIN "SHIXIANG XINGDONG" JIANXING JIANXIAO

出　　版　天津人民出版社
出 版 人　刘　庆
地　　址　天津市和平区西康路 35 号康岳大厦
邮政编码　300051
邮购电话　（022）23332469
电子信箱　reader@tjrmcbs.com

责任编辑：郑　玥
特约编辑：郭雨莹　武建臣　林　雨
装帧设计：明轩文化·王　烨
　　　　　TEL:23674746

印　　刷：天津海顺印业包装有限公司
经　　销：新华书店
开　　本：787 毫米 ×1092 毫米　1/16
印　　张：20.75
插　　页：2
字　　数：220 千字
版次印次：2023 年 5 月第 1 版　2023 年 5 月第 1 次印刷
定　　价：58.00 元

编　委　会

主　任：沈　蕾

副主任：李旭炎　李清华　王立文

　　　　钟会兵　袁世军

成　员：（按姓氏笔画排序）

王　双　　王　康　　王伟凯　　王庆杰

王克明　　丛　屹　　刘秉镰　　孙九一

孙景宇　　李　欣　　李天顺　　李剑萍

杨仁忠　　杨文胜　　肖光文　　张亚勇

罗燕鹏　　金天明　　赵文喜　　贾自欣

蔡玉胜　　颜晓峰　　薛向军

目 录
CONTENTS

牢记殷殷嘱托

贯彻"三个着力"重要要求

推进"十项行动"见行见效

一 推动京津冀协同发展走深走实行动

二 滨海新区高质量发展支撑引领行动

三 科教兴市人才强市行动

牢记殷殷嘱托

稳中求进推动经济发展
持续努力保障改善民生

中共中央总书记、国家主席、中央军委主席习近平5月14日至15日在天津考察时强调，当前我国经济运行总体良好，各项事业健康发展。要正确判断形势，按照党的十八大精神和中央关于今年工作的各项部署，增强信心，综合施策，扎实工作，稳中求进推动经济持续健康发展，持续努力保障和改善民生，在全面建成小康社会的征程上不断迈出坚实步伐。

14日一早，习近平从北京乘坐城际列车前往天津，在中共中央政治局委员、天津市委书记孙春兰陪同下，开始考察调研。

习近平十分关心夏粮形势。在列车上，他就向随行的农业部门负责人了解全国夏粮生产情况。到武清站一下列车，他直接来到南蔡村镇丁家瞿村的小麦大田，仔细察看小麦长势，向农民询问田间管理

3

和预产情况，叮嘱当地干部加强农技服务，搞好田间管理，努力争取夏粮丰收。他强调，一个国家只有立足粮食基本自给，才能掌握粮食安全主动权，进而才能掌握经济社会发展这个大局。他希望天津加快发展现代都市型农业，努力提高粮食自给能力，为确保国家粮食安全多作贡献。

随后，习近平来到滨海新区，得知这里的经济总量已经占到天津经济总量一半以上，十分高兴。他指出，要以滨海新区为龙头，积极调整优化产业结构，加快转变经济发展方式，推动产业集成集约集群发展。同时，要加快发展服务业，形成与现代化大都市地位相适应的服务经济体系。习近平强调，保持我国经济社会发展良好势头，实现"两个一百年"奋斗目标，都需要进一步深化改革，下大气力解决体制机制弊端。天津要充分利用滨海新区平台，先行先试重大改革措施，努力为全国改革发展积累经验。

习近平来到位于滨海新区的天津国际生物医药联合研究院，观看了该院自主研发产品展示，察看了分析测试中心、药物筛选中心等，详细了解国家创新药重大专项课题研发情况。看到这里集聚了一批高水平的海外归国创业人员，习近平充分肯定他们为祖国科技事业和人民健康所作出的努力。他指出，科技创新是提高社会生产力和综合国力的战略支撑，必须摆在发展全局的核心位置。我们要充分发挥科技资源丰富、科技人才众多的优势，建设科技创新高地，不断提高原始创新、集成创新和引进消化吸收再创新能力，促进科技和经济深度融合。

中新天津生态城是中国、新加坡两国在生态城市建设领域的重大合作项目。习近平来到这里，听取了生态城规划建设情况介绍，察看了规划实景沙盘和建设展板，并考察了生态城智能电网综合示范服务中心。习近平对生态城建设取得的成绩表示肯定。他指出，生态城要兼顾好先进性、高端化和能复制、可推广两个方面，在体现人与人、人与经济活动、人与环境和谐共存等方面作出有说服力的回答，为建设资源节约型、环境友好型社会提供示范。

保障和改善民生，是习近平调研的重要内容。他来到人力资源发展促进中心，了解中心提供的就业服务项目，并同正在现场的招聘人员和应聘大学生亲切交谈，详细询问有关情况。他还前往天津职业技能公共实训中心，了解职业技能培训情况，并同高校毕业生、失业人员、农村富余劳动力等代表座谈。习近平强调，保障和改善民生是一项长期工作，没有终点站，只有连续不断的新起点，要实现经济发展和民生改善良性循环。在听取了座谈会上各位代表的发言后，习近平指出，就业是民生之本，解决就业问题根本要靠发展。要切实做好以高校毕业生为重点的青年就业工作，加强城镇困难人员、退役军人、农村转移劳动力就业工作，搞好职业技能培训、完善就业服务体系，缓解结构性失业问题。他勉励当代大学生志存高远、脚踏实地，转变择业观念，坚持从实际出发，勇于到基层一线和艰苦地方去，把人生的路一步步走稳走实，善于在平凡的岗位上创造不平凡的业绩。他要求有关部门加大对高校毕业生自主创业支持力度，对就业困难毕业生进行帮扶，增强学生就业创业和职业转换能力。

调研期间，习近平听取了天津市委和市政府工作汇报，对天津近年来的工作给予充分肯定。他强调，加强和改善党的领导，是实现经济社会持续健康发展的根本保障。各级党委要改进领导经济工作的方式方法，善于为经济工作把握方向、谋划全局、提出战略、制定政策、推动立法、营造环境；要坚持从大局出发、从党和人民利益出发、从党性原则出发进行决策，努力提高决策能力和水平；要充分发挥党的政治优势，全面做细、做实、做好群众工作，充分激发人民群众的积极性、主动性、创造性。

王沪宁、栗战书和中央有关部门负责同志陪同考察。

（原载于 2013 年 5 月 16 日《人民日报》第 1 版）

第十三届全运会在天津隆重开幕
习近平出席并宣布运动会开幕

    中华人民共和国第十三届运动会 27 日晚在天津市隆重开幕。中共中央总书记、国家主席、中央军委主席习近平出席开幕式并宣布运动会开幕。

    27 日晚的天津奥林匹克中心体育场，灯火五彩缤纷，美轮美奂，场内气氛热烈，鼓乐喧天，汇成一片欢乐的海洋。

    19 时 57 分，在欢快的乐曲声中，习近平等走上主席台，向观众挥手致意。全场响起长时间热烈的掌声。

    20 时，第十三届全运会开幕式正式开始。伴随着高昂优美的《歌唱祖国》的旋律，仪仗队员护拥着鲜艳的五星红旗步伐矫健地走进体育场。现场奏响节奏鲜明的《运动员进行曲》，全运会会旗、第十三届全运会会旗和由 100 名旗手组成的会旗方队、裁判员代表方队走向主席台，紧随其后的是 38 个代表团精神抖擞的运动员代表，分别来自各省、自治区、直辖市，香港特别行政区、澳门特别行政区，解放军、新疆生产建设兵团以及 3 个行业体育协会。全场观众用热情的掌声和欢呼声欢迎运动员们的到来。

入场仪式完毕，全场起立，高唱中华人民共和国国歌。在雄壮的国歌声中，五星红旗冉冉升起，迎风飘扬。

天津市委书记李鸿忠代表天津市委、市政府和全市 1600 万人民，向各位来宾和全体运动员、教练员、裁判员表示热烈的欢迎和衷心的感谢。

第十三届全运会组委会主任、国家体育总局局长苟仲文致开幕辞，向举办本届全运会的天津市表示衷心感谢，向筹办全运会的工作者和志愿者们致以崇高的敬意。

20 时 40 分，习近平用洪亮的声音宣布："中华人民共和国第十三届运动会开幕！"顿时，全场沸腾起来，掌声、欢呼声经久不息。

伴随着第十三届全运会会歌的旋律，全运会会旗和第十三届全运会会旗徐徐升起。

运动员魏秋月、教练员徐国义、裁判员李敬分别代表参加第十三届全运会的运动员、教练员、裁判员宣誓。

"同一片蓝天下，我们追逐同一个梦想，同一片沃土上，我们播种光荣和希望……"4 位歌手现场演唱第十三届全运会会歌《光荣和梦想》，拉开了文体展演《逐梦远航》的序幕。整个演出由"百年呼唤""健康中国""领航未来"3 个篇章组成，借助多媒体技术和声光电手段，生动诠释了本届全运会"全运惠民、健康中国"的主题，充分体现了"全民全运"的办会理念。

21时30分，激动人心的场内火炬传递和主火炬点燃仪式开始。从8月8日起，第十三届全运会火炬在天津市16个行政区接续传递，最后传入天津奥林匹克中心体育场。万众瞩目下，天津市首位获得全运会群众比赛项目金牌的解乒乓、率队10余次获得全国冠军的天津女排主教练王宝泉、累计无偿献血200余次的栗岩奇、北京奥运会女子柔道冠军佟文、多次夺得吊环世界冠军的陈一冰等5位火炬手接力传递，最后由本届全运会吉祥物"津娃"和机器人"优友"共同点燃了全运会主火炬塔。

"复兴之火点燃万众期待，神圣时刻我们与你同在……"21时40分，第十三届全运会开幕式在主题歌《健康赢未来》掀起的热烈气氛中圆满结束。

王沪宁、刘延东、许其亮、栗战书、王晨、卢展工出席开幕式。

国际奥委会主席巴赫，国际奥协主席、亚奥理事会主席艾哈迈德亲王以及应邀观摩第十三届全运会的境外来宾也出席开幕式。

开幕式由第十三届全运会组委会执行主任、天津市市长王东峰主持。

第十三届全运会定于9月8日闭幕。未来12天，将有8000多名运动员参加竞技比赛项目，300多名运动员参加群众比赛项目。

（原载于2017年8月28日《人民日报》第1版）

习近平同俄罗斯总统普京在天津共同观看中俄青少年冰球友谊赛

国家主席习近平8日晚同俄罗斯总统普京在天津共同观看中俄青少年冰球友谊赛。

天津体育馆内座无虚席，气氛热烈。场馆上方悬挂红色欢迎条幅，两侧大屏幕滚动播放中俄青少年冰球队员训练和两国运动员参加冬奥会的比赛画面。

19时40分许，在欢快的乐曲声中，习近平同普京共同进入体育馆。全场7000余名观众起立欢呼，挥舞中俄国旗，对两国元首的到来表示热烈欢迎。两国元首步入冰场，两国小球员们列队欢迎。习近平和普京同他们逐一击拳问候。两国元首走到球场中央，小球员们迅速聚拢过来。习近平和普京同他们合影、亲切交谈，勉励他们团结拼搏，以球会友，赛出友谊，赛出水平，共同提高，通过学习交流成为好朋友、好伙伴，做中俄友好合作事业的接班人。小球员们还分别向习近平和普京赠送了俄、中两队球衣。

习近平和普京在冰场中圈共同执冰球落向冰面，为比赛开球。现场奏俄、中两国国歌。看台上掌声雷动，观众掀起人浪为比赛加油。

两国青少年球员们在冰场上积极拼抢，传球射门，生龙活虎。两国元首为场上小队员们的精彩表现鼓掌。习近平对普京说，中俄两国青少年的比赛令人振奋，从中也看到了两国青少年的友谊。中方愿同俄方推动两国在冰球等运动项目上的交流合作。两国青少年要加强交流，使中俄睦邻友好世代相传。普京表示，今天两国青少年的表现都很出色，中国的冰球运动大有希望。希望这样的青少年冰球运动能成为俄中两国友谊的新纽带。

习近平和普京共乘高铁自北京前往天津出席上述活动，并在高铁上见证了中俄铁路和货物运输等双边合作文件的签署。丁薛祥、李鸿忠、杨洁篪、王毅等参加有关活动。

（原载于 2018 年 6 月 9 日《人民日报》第 1 版）

习近平在京津冀三省市考察并主持召开
京津冀协同发展座谈会时强调

稳扎稳打勇于担当敢于创新善作善成
推动京津冀协同发展取得新的更大进展
韩正陪同考察并出席座谈会

　　中共中央总书记、国家主席、中央军委主席习近平近日在京津冀考察，主持召开京津冀协同发展座谈会并发表重要讲话。他强调，要从全局的高度和更长远的考虑来认识和做好京津冀协同发展工作，增强协同发展的自觉性、主动性、创造性，保持历史耐心和战略定力，稳扎稳打，勇于担当，敢于创新，善作善成，下更大气力推动京津冀协同发展取得新的更大进展。

　　中共中央政治局常委、国务院副总理韩正陪同考察河北雄安新区和北京市并出席座谈会。

　　隆冬时节的华北大地，寒气袭人，滴水成冰。1月16日至18日，习近平分别在河北省委书记王东峰和省长许勤，中共中央政治局委员、天津市委书记李鸿忠和市长张国清，中共中央政治局委员、北京市委书记蔡奇和市长陈吉宁陪同下，深入河北雄安新区、天津、北京，实地了解京津冀协同发展情况。

16日上午，习近平首先来到河北雄安新区规划展示中心，仔细听取新区总体规划、政策体系及建设情况介绍，察看启动区城市设计征集成果模型和即将启动的重大工程、重点项目展示。他强调，建设雄安新区是千年大计。新区首先就要新在规划、建设的理念上，要体现出前瞻性、引领性。要全面贯彻新发展理念，坚持高质量发展要求，努力创造新时代高质量发展的标杆。习近平通过大屏幕连线京雄城际铁路雄安站建设工地现场，向施工人员挥手致意，称赞他们是雄安新区建设的开路先锋，嘱咐他们科学施工、注意安全、确保质量，按期完成任务，并向他们及全国奋战在一线的劳动者们致以亲切问候和良好祝愿。

习近平随后步行来到政务服务中心，察看服务窗口，了解雄安新区深化治理体制机制改革、打造服务型政府工作情况。习近平充分肯定雄安新区政务服务中心推行"一枚印章管到底"全贯通服务的做法。他指出，要运用现代信息技术，推进政务信息联通共用，提高政务服务信息化、智能化、精准化、便利化水平，让群众少跑腿。在政务服务中心大厅，部分进驻企业代表围拢上来，习近平同他们亲切交谈。他强调，建设雄安新区，需要大批企业共同参与。无论是国有企业还是民营企业，无论是本地企业还是北京企业，无论是中国企业还是外资企业，只要符合新区产业发展规划，我们都欢迎。希望广大企业抓住这个千载难逢的历史机遇，创造新的辉煌业绩。

雄安新区坚持生态优先、绿色发展，率先启动生态基础设施建设和环境整治。16日下午，习近平来到"千年秀林"大清河片林一区造林区域，乘车穿行林区察看林木长势，并在秀林驿站结合展板听取雄安新区生态建设总体情况和"千年秀林"区域植树造林情况介绍，登上二层平台远眺林区全貌，对他们运用科学方法植树造林、运用信息化手段管林护林的做法表示赞赏。他强调，先植绿、后建城，是雄安新区建设的一个新理念。良好生态环境是雄安新区的重要价值体现。"千年大计"，就要从"千年秀林"开始，努力接续展开蓝绿交织、人与自然和谐相处的优美画卷。他仔细询问参与造林护林的村民工作和收入情况，叮嘱要吸引当地农民积极参与，让农民从造林护林中长久受益。

17日上午，习近平来到天津南开大学考察调研。南开大学成立于1919年，是一所具有光荣爱国传统的名校。习近平参观了校史展览，详细了解南开大学历史沿革、学科建设、人才队伍、科研创新等情况。习近平指出，学校是立德树人的地方。爱国主义是中华民族的民族心、民族魂，培养社会主义建设者和接班人，首先要培养学生的爱国情怀。高校党组织要把抓好学校党建工作和思想政治工作作为办学治校的基本功。习近平同在现场的部分院士、专家及中青年教师代表进行了交流。他指出，专家型教师队伍是大学的核心竞争力。要把建设政治素质过硬、业务能力精湛、育人水平高超的高素质教师队伍作为大学建设的基础性工作，始终抓紧抓好。在元素有机化学国家重点实验室，他强调，要加快一流大学和一流学科建设，加强基础研究，力争在原始创新和自主创新上出更多成果，勇攀世界科技高峰。他勉励师生们把学习奋斗的具体目标同民族复兴的伟大目标结合起来，把小我融入大我，立志作出我们这一代人的历史贡献。走出实验室，广场上挤满了学生，大家高呼"总书记好""总书记辛苦"，齐声高喊"爱我中华、振兴中华"，还唱起《我和我的祖国》。习近平同近处的同学亲切握手，向远处的同学们招手致意。掌声、歌声、欢呼声在校园里久久回荡。

随后，习近平来到天津和平区新兴街朝阳里社区，走进党群服务中心综合办事大厅，了解社区网格化管理、基层党建、便民服务等情况。习近平指出，社区工作是具体的，要坚持以人民为中心，摸准居民群众各种需求，及时为社区居民提供精准化精细化服务。习近平十分关心退役军人服务保障工作。他走进社区退役军人服务管理站，详细询问社区在服务退役军人方面的具体做法。他强调，成立退役军人事务机构，就是要加强退役军人管理保障工作，让军人成为全社会尊崇的职业。各级党委和政府要高度重视，切实把广大退役军人合法权益维护好，把他们的工作和生活保障好。朝阳里社区是全国首个社区志愿者组织的发祥地。在社区志愿服务展馆，习近平同志愿者们亲切交流。他强调，志愿服务是社会文明进步的重要标志，是广大志愿者奉献爱心的重要渠道。要为志愿服务搭建更多平台，更好发挥志愿服务在社会治理中的积极作用。

天津保留了大量别具风格的近代建筑群落和历史文化街区。习近平来到位于河北区民族路的梁启超旧居，结合展板听取天津市历史文化街区保护情况介绍。他指出，要爱惜城市历史文化遗产，在保护中发展，在发展中保护。

天津港同世界上180多个国家和地区的500多个港口有贸易往来。17日下午，习近平来到天津港码头，同现场作业的工人亲切握手，了解港口码头作业和自动化设备运行情况。他走进调度指挥中心，通过大屏幕察看港口全貌，结合实时数据展示听取天津港服务京津冀协同发展等情况介绍。习近平强调，经济要发展，国家要强大，交通特别是海运首先要强起来。要志在万里，努力打造世界一流的智慧港口、绿色港口，更好服务京津冀协同发展和共建"一带一路"。习近平指出，实体经济是大国的根基，经济不能脱实向虚。要扭住实体经济不放，继续不懈奋斗，扎扎实实攀登世界高峰。

离开天津港，习近平来到天津滨海——中关村科技园。在协同创新展示中心，习近平仔细观看"天河"系列超级计算机、飞腾芯片、麒麟操作系统、人工智能配电网带电作业机器人、无人机集群智能控制系统等产品展示。习近平强调，自主创新是推动高质量发展、动能转换的迫切要求和重要支撑，必须创造条件、营造氛围，调动各方面创新积极性，让每一个有创新梦想的人都能专注创新，让每一份创新活力都能充分迸发。要深化科技园区体制机制创新，优化营商环境，吸引更多在京科技服务资源到园区投资或业务延伸，促进京津两市真正实现优势互补、强强联合。

18日上午，习近平乘车前往北京城市副中心，并沿途察看"城市绿心"植树造林地块。在市委办公楼主楼，习近平通过设计模型和展板，详细了解副中心重大工程项目规划建设情况。习近平强调，建设北京城市副中心要坚持规划先行、质量第一。要把公共建筑与山水自然融为一体，科学布局生产、生活、生态空间，使工作、居住、休闲、交通、教育、医疗等有机衔接、便利快捷。要把规划执行好、落实好，把蓝图变为实景，使北京城市副中心成为这座千年古都又一张亮丽的城市名片。

在北京市委办公楼主楼会议室，习近平主持召开京津冀协同发展座谈会。国家发展改革委主任何立峰、北京市委书记蔡奇、天津市委书记李鸿忠、河北省委书记王东峰先后发言，就京津冀协同发展介绍工作情况、提出意见建议。

听取大家发言后，习近平发表了重要讲话。他充分肯定京津冀协同发展战略实施以来取得的显著成效。他强调，京津冀协同发展是一个系统工程，不可能一蹴而就，要做好长期作战的思想准备。过去的5年，京津冀协同发展总体上处于谋思路、打基础、寻突破的阶段，当前和今后一个时期进入到滚石上山、爬坡过坎、攻坚克难的关键阶段，需要下更大气力推进工作。

习近平对推动京津冀协同发展提出了6个方面的要求。第一，紧紧抓住"牛鼻子"不放松，积极稳妥有序疏解北京非首都功能。要更加讲究方式方法，坚持严控增量和疏解存量相结合，内部功能重组和向外疏解转移双向发力，稳妥有序推进实施。要发挥市场机制作用，采取市场化、法治化手段，制定有针对性的引导政策，同雄安新区、北京城市副中心形成合力。要立足北京"四个中心"功能定位，不断优化提升首都核心功能。第二，保持历史耐心和战略定力，高质量高标准推动雄安新区规划建设。要把设计成果充分吸收体现到控制性详细规划中，保持规划的严肃性和约束性，用法律法规确保一张蓝图干到底。要打造一批承接北京非首都功能疏解的标志性工程项目，新开工建设一批交通、水利、公共服务等重大基础配套设施，让社会各界和新区百姓看到变化。要建设一支政治过硬、专业过硬、能吃苦、富有开拓创新精神的干部队伍，加强党风廉政建设，营造风清气正的良好环境。第三，以北京市级机关搬迁为契机，高质量推动北京城市副中心规划建设。要充分考虑搬迁过程中可能遇到的各种情况，研究出台具有针对性和可操作性的政策举措，解决干部职工的后顾之忧。要加快重大基础设施建设，配置教育、医疗、文化等公共服务功能，提高副中心的承载力和吸引力。要推进北京中心城区"老城重组"，优化北京空间布局和经济结构，提升北京市行政管理效率和为中央政务服务的职能。第四，向改革创新要动力，发挥引领高质量发展的重要动力源作用。要集聚和利用高端创新资源，积极开展重大科技项目研发合作，打造我国自主创新的重要源头和原始创新的主要策源地。要立足于推进人流、物流、信息流等要素市场一体化，推动交通一体化。要破除制约协同发展的行政壁垒和体制机制障碍，构建促进协同发展、高质量发展的制度保障。第五，坚持绿水青山就是金山银山的理念，强化生态环境联建联防联治。要增加清洁能源供应，调整能源消费结构，持之以恒推进京津冀地区生态建设，加快形成节约资源和保护环境的空间格局、产业结构、生产方式、生活方式。第六，坚持以人民为中心，促进基本公共服务共建共享。要着力解决百姓关心、涉及切身利益的热点难点问题，优化教育医疗资源布局。要加大力度推进河北省贫困地区脱贫攻坚工作，发挥好京津对口帮扶机制的作用，确保2020年京津冀地区贫困县全部摘帽。要坚持就业优先，做好当地百姓就业这篇文章。

韩正表示，要深入学习领会习近平总书记关于京津冀协同发展的重要战略思想，牢牢扭住疏解北京非首都功能这个"牛鼻子"，推动京津冀协同发展取得新突破新成效。要完善政策、健全机制，增强疏解北京非首都功能的内生动力。要坚持高质量高标准，规划建设好北京新的"两翼"。要抓好跨区域重大轨道交通等基础设施建设，为疏解北京非首都功能创造便利条件。要坚持以人民为中心的发展思想，推进基本公共服务均等化，不断增强人民群众获得感。

会议结束后，习近平乘电梯来到一楼大厅，北京市委和市政府的工作人员对总书记报以热烈掌声。习近平向大家频频挥手，动情地说，你们以实际行动贯彻落实党中央重大决策，为疏解北京非首都功能、推动京津冀协同发展作出了贡献。建设北京城市副中心，是北京建城立都以来具有里程碑意义的一件大事，对新时代北京的发展是一个重大机遇。让我们共同努力把这件大事办好。希望大家以新办公区的新气象，在各项工作中实现新的更大作为！离开时，习近平同大家一一握手，掌声经久不息。

丁薛祥、刘鹤、王勇、何立峰和徐匡迪等分别陪同考察或出席座谈会，中央和国家机关有关部门负责同志、有关省市负责同志参加座谈会。

（原载于 2019 年 1 月 19 日《人民日报》第 1 版）

致第三届世界智能大会的贺信

（二〇一九年五月十六日）

　　值此世界智能大会开幕之际，我向大会的召开致以热烈的祝贺！向出席会议的国际知名企业家、业界领军人物和图灵奖获得者等各界人士表示诚挚的欢迎！

　　当前，由人工智能引领的新一轮科技革命和产业变革方兴未艾。在移动互联网、大数据、超级计算、传感网、脑科学等新理论新技术驱动下，人工智能呈现深度学习、跨界融合、人机协同、群智开放、自主操控等新特征，正在对经济发展、社会进步、全球治理等方面产生重大而深远的影响。中国高度重视创新发展，把新一代人工智能作为推动科技跨越发展、产业优化升级、生产力整体跃升的驱动力量，努力实现高质量发展。

　　举办世界智能大会，旨在为世界智能科技领域搭建一个交流合作、共赢共享的平台。希望大家围绕"智能新时代：进展、策略和机遇"的主题，深化交流、增进共识、加强合作，推动新一代人工智能健康发展，更好造福世界各国人民。

预祝大会圆满成功！

中华人民共和国主席 习近平

二〇一九年五月十六日

（转自于《习近平书信选集》第一卷，中央文献出版社，2022年）

习近平向世界职业技术教育
发展大会致贺信

8月19日，国家主席习近平向世界职业技术教育发展大会致贺信。

习近平指出，职业教育与经济社会发展紧密相连，对促进就业创业、助力经济社会发展、增进人民福祉具有重要意义。中国积极推动职业教育高质量发展，支持中外职业教育交流合作。中方愿同世界各国一道，加强互学互鉴、共建共享，携手落实全球发展倡议，为加快落实联合国2030年可持续发展议程贡献力量。

世界职业技术教育发展大会当日在天津开幕，主题为"后疫情时代职业技术教育发展：新变化、新方式、新技能"，由教育部、天津市人民政府共同主办。

（原载于2022年8月20日《人民日报》第1版）

贯彻"三个着力"重要要求

牢记殷殷嘱托 书写美好华章

——写在习近平总书记对天津工作提出"三个着力"重要要求十年之际

津　宣

真理光辉穿透时空，思想力量历久弥新！

2013 年 5 月，习近平总书记视察天津，对天津工作提出"着力提高发展质量和效益、着力保障和改善民生、着力加强和改善党的领导"的重要要求。

鉴往而知今，从历史坐标中观察，才能更加准确标注科学思想的光辉历程，才能更加深入理解实践基础上理论创新的重要意义，才能更加深刻领会新时代党的创新理论的真理力量。2012 年 11 月，党的十八大召开，中国特色社会主义进入新时代，面对国内外环境的新变化、人民群众的新期待，着力加强发展、民生、党的建设等重点领域工作，推动经济社会发展整体跃升的任务紧迫而艰巨。"三个着力"重要要求，饱含着习近平总书记对天津干部群众的关心厚爱、对天津在新时代为全国发展大局拓新破题的厚望和嘱托，是领航天津的方向标，也是天津必须回答好的考卷。

十年砥砺、十年奋进。党的十八大以来，习近平总书记四次到天津视察工作、出席活动，向在津举办的第三届世界智能大会、世界职业技术教育发展大会致贺信，作出一系列重要指示批示，为天津发展注入了强大政治动力、精神动力、工作动力。市委始终牢记殷殷嘱托，坚持把"三个着力"重要要求放在新时代党的创新理论的科学体系中深化理解认识、与习近平总书记对天津作出的一系列重要指示批示精神一体领会落实，深刻把握"三个着力"重要要求对怎样发展、为谁发展、以什么为保障的系统指导，深刻把握高质量发展、以人民为中心、加强党的领导之间的逻辑意蕴，胸怀"国之大者"，从全局谋划一域、以一域服务全局，努力书写精彩答卷，推动天津经济社会发展发生影响深远的重大变化。

迈上新征程，市委、市政府坚定不移沿着习近平总书记指引的方向，深入学习贯彻党的二十大精神，认真落实习近平总书记对天津工作"三个着力"重要要求和一系列重要指示批示精神，立足中国式现代化新场景，组织实施推动京津冀协同发展走深走实、滨海新区高质量发展支撑引领、科教兴市人才强市、港产城融合发展、制造业高质量发展、中心城区更新提升、乡村振兴全面推进、绿色低碳发展、高品质生活创造、党建引领基层治理等"十项行动"，为全面建设高质量发展、高水平改革开放、高效能治理、高品质生活的社会主义现代化大都市明晰了施工图、任务书和实景图，推动习近平新时代中国特色社会主义思想在津沽大地生动实践。

着力提高发展质量和效益，坚定不移走高质量发展之路

发展是马克思主义最基本的范畴之一，是党执政兴国的第一要务，是解决中国所有问题的关键。新时代，我国社会主要矛盾已经转化为人民日益增长的美好生活需要和不平衡不充分的发展之间的矛盾，发展中的矛盾和问题集中体现在发展质量上。实现什么样的发展、怎样实现发展，这是党领导人民治国理政必须回答好的重大问题。

习近平总书记对天津工作提出"三个着力"重要要求，第一个就是要着力提高发展质量和效益。党的二十大提出，"高质量发展是全面建设社会主义现代化国家的首要任务""推动经济实现质的有效提升和量的合理增长"。推动高质量发展，从"有没有"转向"好不好"，提高发展质量和效益是关键点、也是着力点。提高质量是高质量发展的必然要求，意味着发展模式的变革；提高效益就要注重把握质量和数量的协调平衡，通过质的提升为量的增长提供持续动力，通过量的增长为质的提升提供重要基础，在提高质量效益的基础上保持合理的经济增长，以量变的积累实现质变的飞跃。

十年来，天津坚决贯彻新发展理念，扭住质量和效益推动转型升级，调整经济结构，增强自主创新能力，解决制约经济发展的深层次问题，为高质量发展打下了良好基础。新征程上，要继续坚持把提高发展质量和效益作为推动高质量发展的着力点，把实现质的有效提升和量的合理增长，贯穿全面建设社会主义现代化大都市整个过程。切

实把京津冀协同发展战略优势、产业基础优势、科技教育人才核心优势、港口"硬核"优势、城乡空间资源优势转化为高质量发展优势，持续激发经济发展内生动力，不断做大做强天津经济实力。今年一季度我市地区生产总值同比增长 5.5%，实现开门红。

京津冀协同发展战略牵引。2013年习近平总书记视察天津时指出，要谱写新时期社会主义现代化的京津"双城记"。2014 年 2 月，京津冀协同发展重大国家战略起势落子。2019 年 1 月，习近平总书记视察天津时指出，促进京津两市真正实现优势互补、强强联合。今年 5 月 12 日，习近平总书记主持召开深入推进京津冀协同发展座谈会，强调要坚定信心，保持定力，增强抓机遇、应挑战、化危机、育先机的能力，统筹发展和安全，以更加奋发有为的精神状态推进各项工作，推动京津冀协同发展不断迈上新台阶，努力使京津冀成为中国式现代化建设的先行区、示范区；指出要唱好京津"双城记"，拓展合作广度和深度，共同打造区域发展高地，在建设京津冀世界级城市群中发挥辐射带动和高端引领作用。

京津城际列车上如织的人流，是京津"双城记"和"轨道上的京津冀"的直观反映；天津滨海—中关村科技园、京津中关村科技城的从无到有、从小到大，是产业协同的生动范例；蓝天碧水是生态协同的显著标识。瓣瓣同心结出累累果实，见证着天津落实、融入和服务重大国家战略的坚实步伐。

党的二十大擘画了全面建成社会主义现代化强国、以中国式现代化全面推进中华民族伟大复兴的宏伟蓝图，为推进京津冀协同发展提供了新场景、提出了新要求。"推动京津冀协同发展走深走实行动"位列"十项行动"之首，彰显了市委、市政府对落实重大国家战略的高度政治自觉，彰显了坚定拥护"两个确立"、坚决做到"两个维护"的务实行动，彰显了以重大国家战略引领天津高质量发展的科学谋划。新征程上，要把握"一基地三区"功能定位，以承接北京非首都功能疏解为"牛鼻子"，全力唱好京津"双城记"，密切与京冀各领域协同联动，让一体化交通网络"跑起来"、生态环境持续"好起来"、产业对接协作"串起来"、协同创新步伐"快起来"、群众获得感"多起来"，在推动重大国家战略走深走实中为天津高质量发展创造更为广阔的战略机遇。

高水平改革开放赢得新优势。天津，因河而生，向海而兴。对外开放、先行先试是其与生俱来的城市基因。高水平改革开放，是天津全面建设社会主义现代化大都市的"四高"目标之一。

2013年5月，习近平总书记提出，"天津要充分利用滨海新区平台，先行先试重大改革措施，努力为全国改革发展积累经验"。市委始终把滨海新区作为天津发展的龙头、引擎和重要增长极，作为服务京津冀协同发展和共建"一带一路"的战略支点，着力推进重点领域改革等取得突破。天津自贸试验区结出581项"创新果"，38项试点经验和实践案例向全国复制推广。至2023年2月，空客天津总装线已累计交付飞机644架，产能全面覆盖A320系列飞机，空客公司将在天津建设第二条生产线。东疆片区作为我国租赁聚集地，租赁资产规模截至去年年底已超1.4万亿元，成为全球第二大飞机租赁中心。今年前两个月，天津口岸跨境电商 B2B（企业对企业）出口额达 166.67 亿元，同比增长 956.5%，跑出外贸新业态的"加速度"。市委、市政府实施滨海新区高质量发展支撑引领行动，坚持从全国发展大局、京津冀协同发展战略布局、天津发展全局中定位和谋划滨海新区发展，加快建设以滨海新区为龙头的改革开放先行区，更好发挥先行先试作用，用好自贸试验区等开放平台，加强"首创性"制度创新供给，实施一批战略性、创新性、引领性改革措施，推动开放向更高水平迈进、改革向更深层次挺进，为高质量发展提供强劲的支撑力引领力。

天津港作为京津冀地区的海上门户、"一带一路"的海陆交汇点，吞吐万汇，奔流不息。2019 年 1 月，习近平总书记视察天津港时强调，"经济要发展，国家要强大，交通特别是海运首先要强起来。要志在万里，努力打造世界一流的智慧港口、绿色港口，更好服务京津冀协同发展和共建'一带一路'"。2020 年新年贺词中，习近平总书记点赞"天津港蓬勃兴盛"。目前，天津港建立了遍布京津冀的营销服务网络，建成全球首个"智慧零碳"码头，同世界上 180 多个国家和地区的 500 多个港口有贸易往来，近期开通数条"一带一路"及 RCEP(《区域全面经济伙伴关系协定》）新航线。实施港产城融合发展行动，把天津港这一"硬核"资源作为引领发展的潜力所在，树立"大港口、大开放、大循环"理念，推动港产城实现深度融合、相互赋能、共同发展，推进港口与城市、港区与园区有机衔接、深度互动，加快建设北方国际航运核心区，在为天津发展注入新动力的同时，更好服务国内大循环和国内国际双循环。

科技创新摆在核心位置。2013 年，习近平总书记视察天津国际生物医药联合研究院时指出，"科技创新是提高社会生产力和综合国力的战略支撑，必须摆在发展全局的核心位置"。2019 年 1 月，习近平总书记在津视察时强调，"自主创新是推动高质量发展、动能转换的迫切要求和重要支撑，必须创造条件、营造氛围，调动各方面创新积极性，让每一个有创新梦想的人都能专注创新，让每一份创新活力都能充分迸发"。天津坚定下好科技创新先手棋，塑造发展新优势，全社会研发投入强度和综合科技创新水平指数持续位居全国前列；中国科学院天津工业生物技术研究所在国际上首次实现了二氧化碳到淀粉的从头合成，被国内外专家认定为"典型的 0 到 1 原创性突破"；形成智能科技、生物医药、新能源新材料等战略性新兴产业集群。

科技是第一生产力、人才是第一资源、创新是第一动力。市委深入贯彻党的二十大精神，坚持创新驱动发展，实施科教兴市人才强市行动，大力推进科技创新，着力建设高质量教育强市、科技创新高地和开放型人才高地，把天津科教人才优势转化为高质量发展的强劲动能，为国家科技自立自强贡献力量。今年 3 月脑机交互与人机共融海河实验室正式揭牌，与细胞生态、信创、现代中医药、合成生物学、物质绿色创造与制造等共 6 家海河实验室，作为具有国际影响力的突破型、引领型、平台型一体化的大型综合性研究基地，不仅解决从 0 到 1 的基础研究，更为从 1 到 N 的成果转化和项目落地提供强大保障。规划建设天开高教科创园，是推进科技创新的重点之举、城市更新的亮点之举，建立高校与产业园区"握手"通道，探索"学科＋人才＋

产业"的创新发展模式，推动产教融合、科教融汇，促进创新链资金链人才链深度融合。

制造业是实体经济的基础，是国民经济的重要支柱。天津发展制造业有优势、有基础、有机遇，实施制造业高质量发展行动，瞄准全国先进制造研发基地功能定位，充分发挥天津制造业的历史传承优势、基础配套优势、产业发展优势，通过打造市场化、法治化、国际化营商环境，支持国有、民营、外资等各类制造业企业实现竞相发展、健康发展。坚持高端化、智能化、绿色化方向，以科技创新引领制造业发展、赋能实体经济，推动短板产业补链、优势产业延链、传统产业升链、新兴产业建链，加快建设现代化产业体系。大力发展战略性新兴产业，促进先进制造业和现代服务业深度融合，实现制造业链条延伸和价值增值，提升产业发展的接续性和竞争力。

着力保障和改善民生，坚定不移践行以人民为中心的发展思想

高质量发展是坚持以人民为中心的发展，为了人民，发展才有意义；依靠人民，发展才有动力。保障和改善民生，是习近平总书记在津调研的重要内容。"保障和改善民生是一项长期工作，没有终点站，只有连续不断的新起点，要实现经济发展和民生改善良性循环"。习近平总书记的重要要求，充分体现了"人民对美好生活的向往，就是我们的奋斗目标"，体现了人民利益是发展的根本出发点和落脚点，体现了发展与民生的辩证统一，明确了践行以人民为中心的发展思想的路径。

十年来，天津广大党员干部自觉把习近平总书记以人民为中心的发展思想植根心底、见诸行动，着力保障和改善民生，着眼普惠、面向普通、惠泽普遍，用心用情用力办好民生实事，民生福祉达到新水平。每年实施20项民心工程，财政支出的75%用于民生领域，下大力解决"一老一小"问题，为36万户居民解决历史遗留的房屋产权问题，完成160余万平方米棚户区改造，提前和延长供暖期，让群众真切体会到党和政府的温暖。新征程上，要坚持在高质量发展中更好地保障和改善民生，找准推动高质量发展的切入点、保障改善民生的结合点，增强做好民生工作的经济实力和物质基础，一年接着一年干，一件事情接着一件事情办，把惠民生的事办实、暖民心的事办细、顺民意的事办好，不断在保障和改善民生上取得新进展，努力让人民群众享有高品质生活。

持续推进共同富裕。实现全体人民共同富裕是中国式现代化的本质要求之一。就业是民生之本，是每个人实现梦想的基础。2013年，习近平总书记视察天津市人力资源发展促进中心、天津职业技能公共实训中心，强调要搞好职业技能培训、完善就业服务体系。2022年8月，习近平总书记向在津举办的世界职业技术教育发展大会致贺信。市委、市政府充分发挥天津作为全国唯一的国家现代职业教育改革创新示范区的优势，推进职普融通、产教融合、科教融汇，出台《关于加快发展现代职业教育的意见》等30余个政策文件，建立起贯通"中高本硕博"的职业教育培养体系，为更多人提供"人生出彩的机会"。实施"海河英才"行动计划，构建多层次、全覆盖的促就业、聚人才政策体系，推动创业带动就业，用真情实招促进高校毕业生等重点群体"好就业、就好业"。

城乡协调发展是共同富裕的应有之义。习近平总书记2013年5月在天津视察时提出"希望天津加快发展现代都市型农业"。2018年4月，习近平总书记在海南国家南繁科研育种基地考察时，关切地询问天津小站稻的情况。我市编制了《天津小站稻产业振兴规划》，加强优质小站稻种业关键核心技术攻关，从"一粒良种"到"万亩良田"，从单一种植到农旅融合，重塑小站稻产业辉煌。种子是农业的"芯片"。习近平总书记强调要下决心把民族种业搞上去。我市以农作物育种为重点为种业振兴添动力，"津字号"黄瓜品种推广面积占全国华北型品种七成以上，花椰菜新品种出口量占我国花椰菜种子总出口量的20%以上，芹菜种业占全国市场的30%，越来越多"津字牌"种子撒向全国，赋能"希望的田野"。深入学习贯彻习近平总书记关于"三农"工作的重要论述，实施乡村振兴全面推进行动，推动乡村产业、人才、文化、生态、组织全面振兴，加快农业农村现代化。突出粮食安全这一"国之大者"，为保障粮食和重要农产品稳定安全供给作贡献。突出农业高质高效这一重点任务，牢牢把握现代都市型农业的发展方向，着力做好"土特产"文章，坚持以现代化理念取胜、以都市型特色取胜、以品质取胜、以科技创新取胜、以新业态取胜、以综合效益取胜、以新体制取胜，强龙头、补链条、兴业态、树品牌，推动农业"接二连三"、农村一二三产业融合发展。突出乡村宜居宜业这一重要目标，着力打造和美乡村。突出农民富裕富足这一根本目的，千方百计拓宽农民增收渠道，精准扶持经济薄弱村，精心创建乡村振兴示范村，进一步做好东西部协作和支援合作工作，推动共同富裕取得实质性进展。

增进最普惠的民生福祉。良好生态环境是最公平的公共产品，是最普惠的民生福祉。2013年，习近平总书记视察中新天津生态城时指出，生态城要兼顾好先进性、高端化和能复制、可推广两个方面，在体现人与人、人与经济活动、人与环境和谐共存等方面作出有说服力的回答，为建设资源节约型、环境友好型社会提供示范。中新天津生态城从一片空白的盐碱地，逐步发展成生机勃勃的生态城市、智慧城市，大气环境、水环境质量均达到有监测记录以来最优水平，空气质量优良天数较2013年增长了近一倍；绿色建筑比例达100%，建立起智慧城市指标体系；智能科技、文化旅游等主导产业落地生根，拔节生长，年均接待游客超过700万人。全市875平方公里湿地野趣自然、736平方公里绿色生态屏障绿意延绵、153公里海岸线水清滩净。

深入贯彻落实习近平生态文明思想，实施绿色低碳发展行动，牢固树立和践行绿水青山就是金山银山理念，坚持产业生态化和生态产业化，坚持以生态优先、绿色发展为导向，统筹生产、生活、生态空间布局，协同推进降碳、减污、扩绿、增长，打好蓝天、碧水、净土保卫战，推进山水林田湖草一体化保护和修复，提升生态环境治理效能，实现生态效益、社会效益、经济效益相统一，推动经济社会发展全面绿色转型，建设人与自然和谐共生的美丽天津。

创造高品质生活。天津是中国近代体育发祥地，是中国百年奥运梦想的策源地。2017年8月，习近平总书记来津出席第十三届全运会开幕式；2018年6月，同俄罗斯总统普京在津共同观看中俄青少年冰球友谊赛。这为建设健康天津、体育强市注入了强大动力。"运动之都""排球之城"的建设，为津城百姓的高品质生活加油助力。

聚焦让人民生活幸福这个"国之大者"，实施高品质生活创造行动，推动现代化建设成果更多更公平惠及全体人民，在加强普惠性、基础性、兜底性民生建设基础上，顺应人民对高品质生活需求，尽力而为、量力而行，在推动高质量发展中创造高品质生活。着力提升公共服务体系现代化水平，通过优化卫生健康、公共文化等服务，构建优质均衡的公共服务体系，使教育更优质、工作更稳定、收入更满意、保障更可靠、就医更便利、住房更舒适、环境更优美、精神文化生活更丰富，持续增进民生福祉，促进人的全面发展。

"人民城市人民建，人民城市为人民"。认真落实习近平总书记关于城市工作的重要要求，实施中心城区更新提升行动，优化城市空间布局，推进城市功能更新、品质提升，提升城市治理能力，营造宜居、宜业、宜乐、宜游的良好环境。充分发挥中心城区创新资源集中、创新创业活跃的特点，在提升城市产业实力、城市软实力、公共服务能力、辐射带动能力和城市治理能力上下功夫，全面提升经济品质、人文品质、生态品质、生活品质，让城市的面子和里子都美，更好支撑高质量发展、满足人民群众美好生活需要。

着力加强和改善党的领导，坚定不移推进全面从严治党

坚持和加强党的全面领导，是党和国家的根本所在、命脉所在，

也是全国各族人民的利益所在、幸福所在。2013 年习近平总书记在天津视察时指出，"加强和改善党的领导，是实现经济社会持续健康发展的根本保障"，特别强调"各级党委要改进领导经济工作的方式方法"。深刻阐明了发展、民生和党的领导的关系，着力提高发展质量和效益，着力保障和改善民生，必须坚持和加强党的全面领导。

十年来，市委坚持以党的政治建设为统领，深学笃用党的创新理论，引导党员干部坚定信仰信念，自觉在政治立场、政治方向、政治原则、政治道路上同党中央保持高度一致。以自我革命精神推进全面从严治党，把修复净化政治生态作为基础性、系统性工程，像改造盐碱地一样从最深处挖掘、从根子上治理，向圈子文化、码头文化、好人主义宣战，破立并举、激浊扬清、扶正祛邪，推动政治生态发生明显变化，为改革发展固本强基。全面加强党的领导，逐级开展党组织书记抓基层党建工作述职评议考核，全面推进村（社区）党组织书记、村（居）委会主任"一肩挑"，实施村社区星级管理，基层党组织建设切实加强，党的建设展现新气象。在疫情防控大战大考中，各级党组织团结带领全市广大党员干部群众勠力同心、担难担险，让鲜红党旗高高飘扬在抗疫斗争第一线，筑牢守护津城百姓安全健康的铜墙铁壁和坚强防线。

新征程上，要深入学习贯彻习近平新时代中国特色社会主义思想，持之以恒推进全面从严治党向纵深发展，深入推进新时代党的建设新的伟大工程。坚持以高质量党建引领保障高质量发展、高效能治理，实施党建引领基层治理行动，树牢大抓基层、大抓基础的鲜明导向，围绕加强党的领导、为民服务、安全维稳，实施政治引领、综治能动、法治保障、德治教化、自治强基、智治支撑工程，做强基层治理"主阵地"，做活基础网格"微治理"，做大治理骨干"生力军"，做优为民服务"大文章"，做实赋能减负"组合拳"，不断开创党建引领基层治理新局面。

突出党的政治建设这一根本性建设。深入开展学习贯彻习近平新时代中国特色社会主义思想主题教育，引导党员干部更加深刻地领悟"两个确立"是党在新时代取得的重大政治成果，是推动党和国家事业取得历史性成就、发生历史性变革的决定性因素，是战胜一切艰难险阻、应对一切不确定性的最大确定性、最大底气、最大保证，更加深刻地感悟习近平新时代中国特色社会主义思想的历史地位、重大贡献和真理力量、实践伟力，切实把"两个确立"的政治成果转化为做到"两个维护"的政治自觉，转化为政治判断力、政治领悟力、政治执行力的持续提高，更加坚定自觉地把习近平总书记对天津工作的殷殷嘱托全面落实在津沽大地上。

抓好思想建设这一基础性建设。2019年1月，习近平总书记视察南开大学时，现场翻阅了党的创新理论最新成果"三进"教材教案。如今，习近平新时代中国特色社会主义思想概论课程已在全市高校全面开设，我市获批全国首批"大思政课"建设综合改革试验区，全国高校习近平新时代中国特色社会主义思想教学联盟落户天津，党的创新理论进教材、进课堂、进头脑深入推进，思想建设根基不断夯实。围绕学习贯彻习近平新时代中国特色社会主义思想和党的二十大精神，市委开展理论学习中心组集体学习，举办市委中心组读书班、主题教育读书班、党员领导干部研讨班等，引领全市党员干部以学铸魂、以学增智、以学正风、以学促干。全市各级党组织通过党委中心组学习、支部学习、"三会一课"等，深入学习领会习近平新时代中国特色社会主义思想的科学体系、核心要义、实践要求，在全面学习、具体运用上下功夫求实效，做到学思用贯通、知信行统一。

推动组织工作提质增效。出台《关于聚焦服务市委"十项行动"推动全市组织工作提质增效的实施方案》，以忠诚铸魂、聚力提质、瞪羚淬炼、雏鹰培育、强基赋能、智汇津门、家暖心安、出手出彩为抓手，项目化、系统化、集成化推动组织工作在巩固优化中提质增效。以"瞪羚淬炼"为抓手，大力培养选拔优秀年轻干部，先后推进从市级机关、市管企事业单位选派一批35岁左右的年轻干部到乡镇街道担任党政正职，从驻津高校、市属高校和重点园区择优选派50名干部人才进行双向挂职等工作，不断推动体制机制创新，拓展培养锻造高素质干部队伍的有效途径，持续充盈各级年轻干部"蓄水池"，为全市发展注入新的生机和活力。

破立并举持续净化政治生态。召开全市持续净化政治生态推进会暨警示教育大会，组织党员领导干部参观全面从严治党主题教育展、集中观看警示教育专题片。深入贯彻落实习近平总书记关于全面从严治党重要论述和关于持续净化天津政治生态重要指示要求，紧密结合学习贯彻习近平新时代中国特色社会主义思想主题教育，充分发挥警示教育震慑作用，坚持以案说纪、以案说法、以案说德、以案说责，破立并举持续净化天津政治生态，坚定不移深入推进全面从严治党，努力打造忠诚干净担当的高素质干部队伍，为加快实施推动高质量发展"十项行动"、全面建设社会主义现代化大都市提供坚强保障。

科学思想领航征程，海河儿女奋发竞进！

党的二十大开启新征程，天津发展站在了新起点。全市上下要在以习近平同志为核心的党中央坚强领导下，在习近平新时代中国特色社会主义思想科学指引下，坚定不移沿着习近平总书记指引的方向团结奋斗、笃行不怠，认真贯彻落实"三个着力"重要要求和党中央决策部署，学在深处、谋在新处、干在实处，全力推进"十项行动"，跑出高质量发展的"加速度"，托举起津城百姓满满的幸福，坚持和加强党的全面领导，奋力书写中国式现代化在津沽大地的美好华章！

从新时代党的理论创新内在逻辑深刻领悟"三个着力"重要要求

　　2013 年 5 月 14 日至 15 日，习近平总书记视察天津，对天津工作提出"着力提高发展质量和效益，着力保障和改善民生，着力加强和改善党的领导"的重要要求，深刻指出事关天津发展的一系列方向性、全局性、根本性问题，赋予天津新时代重大使命任务。"三个着力"重要要求是以习近平同志为核心的党中央着眼新时代、聚焦新问题、应对新挑战、回应新课题的重要理论创新成果，体现了马克思主义中国化时代化的内在要求。"三个着力"重要要求从经济、民生、党建等多维角度，为如何实现发展、发展为了谁、以什么保障发展提供了重要遵循和指导。"三个着力"重要要求蕴含着科学思维和方法论，体现了习近平新时代中国特色社会主义思想的理论品格、精神特质、实践担当。从党的十八大以来推进党的理论创新的大逻辑中认识，对于深入理解并充分发挥"三个着力"重要要求对新征程上天津发展的指导作用具有重要意义。

新时代党的理论创新，是党的奋斗历程推进马克思主义中国化时代化新的阶段，在新时代的历史性进展中逐步展开，遵循着历史逻辑。党的十八大召开后，习近平总书记先后提出了许多具有重大意义的思想观点，在此期间，对天津工作提出的"三个着力"重要要求，在习近平新时代中国特色社会主义思想的创立过程中具有重要意义，这既是对一系列治国理政新理念新思想新战略的一个重要凝练，也是新时代党的理论创新深化展开的一块重要基石。

新时代党的理论创新在普遍指导全面工作和具体指导各地工作中

同时展现，二者相辅相成，体现着普遍性和特殊性相统一的理论逻辑。习近平总书记统筹党和国家工作全局，在准确把握大局大势中作出对全党工作具有普遍指导意义的指示要求；同时又对各地发展实际了然于胸，及时作出针对性强、切中肯綮的指示要求。这些对各地工作的具体要求，从各地实际出发，又在特殊性中反映普遍性，同样适用于其他地区。"三个着力"重要要求把准了天津发展的脉，指明了天津发展的路，是着眼于新时代我国整体发展提出的基本要求，是将总揽全局和协调各方有机统一起来的一个典范。

"三个着力"重要要求抓住了新时代坚持和发展中国特色社会主义的关键问题，突出了新时代党的创新理论的重点内容。新时代党的

海河津湾广场

理论创新坚持问题导向。进入新时代，一系列长期积累及新出现的突出矛盾和问题亟待解决，如传统发展模式难以为继，民生保障存在薄弱环节，党的领导弱化、虚化、淡化等。习近平总书记瞄着问题去、追着问题走，把回答并指导解决问题作为理论的根本任务，鲜明提出着力提高发展质量和效益、着力保障和改善民生、着力加强和改善党的领导的"三个着力"重要要求。这既以现实的矛盾和问题为依据，有着强烈的指向性，又将解决问题的方针和思路上升为具有规律性的思想理论，实现了解决问题和理论创新的有机结合。

"三个着力"重要要求蕴含着中国式现代化的科学内涵，是实现新时代新征程党的中心任务的着力点。党的十八大以来，我们党不断实现理论和实践上的创新突破，进一步深化对中国式现代化的内涵和本质的认识，成功推进和拓展了中国式现代化。"三个着力"重要要求从提出到发展深化，每个方面都成为中国式现代化的中国特色、本质要求和重大原则的重要内容，呈现出新时代党的理论创新的发展逻辑。党的二十大报告明确了中国式现代化的中国特色，提出中国式现代化的本质要求。着力提高发展质量和效益，进一步升华为实现高质量发展，成为中国式现代化的一条本质要求；着力保障和改善民生，进一步丰富为坚持以人民为中心的发展思想，成为中国式现代化的一条重大原则；着力加强和改善党的领导，进一步概括为习近平新时代中国特色社会主义思想"十个明确"的第一个明确，坚持中国共产党领导成为中国式现代化的第一条本质要求，坚持和加强党的全面领导成为中国式现代化的第一条重大原则。这些都是全面建成社会主义现代化强国、全面推进中华民族伟大复兴的重中之重。

"三个着力"重要要求蕴含经济、民生、党建一体发展的要求，充分体现了中国式现代化对于各领域全面发展的内在要求。在推进中国式现代化进程中，"三个着力"重要要求相互促进、协同发展、缺一不可。"着力提高发展质量和效益"是目标，经济的高质量发展既是提高人民生活水平、提升人民满意度和幸福感的现实要求，也是检验和衡量党的建设和领导成效的重要标准。"着力保障和改善民生"是归宿，中国共产党始终坚持全心全意为人民服务的根本宗旨，把保障和改善民生作为发展经济的重要导向，把人民对美好生活的向往作为奋斗目标。"着力加强和改善党的领导"是保障，通过深入推进新时代党的建设新的伟大工程，以党的自我革命引领社会革命，为经济和民生提供切实的保障。

十年来的生动实践，坚定了天津继续深学笃行"三个着力"重要要求，在习近平新时代中国特色社会主义思想指引下开创新的伟业的决心和信心。理论创新与实践创新相互促进，马克思主义中国化时代化新的飞跃与中华民族伟大复兴新的飞跃相映成辉，实践逻辑深化和强化理论逻辑。新时代伟大变革及其天津实践，有力证明了新时代党的创新理论的科学性真理性，证明了"三个着力"重要要求的生命力创造力。新征程上，要全面贯彻落实党的二十大精神，深入开展学习贯彻习近平新时代中国特色社会主义思想主题教育，总结天津贯彻落实"三个着力"重要要求十年生动实践,把科学理论转化为奋进新目标、开创新事业的实践力量，加强发力、聚焦用力、齐心协力、持续着力，全面建设高质量发展、高水平改革开放、高效能治理、高品质生活的社会主义现代化大都市。

（天津大学课题组：颜晓峰、于安龙、柳兰芳、栾淳钰、李瑞婷）

着力提高发展质量和效益

——坚定不移走高质量发展之路

  党的十八大以来，习近平总书记深刻把握中国特色社会主义进入新时代后我国发展阶段、发展环境、发展条件的变化，从理论和实践、历史和现实、国内和国际相结合的高度，提出一系列新理念新思想新战略，把高质量发展作为我国经济社会发展的鲜明主题，强调高质量发展是中国式现代化的本质要求和全面建设社会主义现代化国家的首要任务。

  2013年5月，习近平总书记在天津视察时提出"着力提高发展质量和效益"，为天津发展精准把脉、定向指路，激励和鼓舞天津以实践创新推动经济发展质量变革、效率变革、动力变革。经过十年的坚定笃行，创新、协调、绿色、开放、共享的新发展理念已经在天津落地生根。在如期全面建成小康社会、开启全面建设社会主义现代化大都市新征程之际，京津冀协同发展、"一带一路"建设和构建新发展格局等重大战略机遇交汇叠加塑造了天津发展的新优势。天津市委、市政府组织实施"十项行动"，加快推进现代化经济体系建设，将推动天津发展焕发新活力、迈上新台阶，以中国式现代化在天津的扎实实践展现习近平新时代中国特色社会主义思想的真理伟力。

一、十年坚定笃行：新发展理念落地生根

发展是党执政兴国的第一要务，是解决我国所有问题的关键。中国特色社会主义进入新时代，社会主要矛盾已经转化为人民日益增长的美好生活需要和不平衡不充分的发展之间的矛盾。要更好满足人民日益增长的美好生活需要，必须把发展质量问题摆在更为突出的位置，着力提高发展质量和效益，从"有没有"转向"好不好"。这就要求完整、准确、全面贯彻新发展理念，深化供给侧结构性改革，通过产

业转型升级、新旧动能转换减少无效和低端供给，扩大有效和中高端供给，提升供给体系的质量和水平，增强供给结构对需求变化的适应性和灵活性，实现创新成为第一动力、协调成为内生特点、绿色成为普遍形态、开放成为必由之路、共享成为根本目的的高质量发展。

天津深刻领会习近平总书记提出的"着力提高发展质量和效益"的重要要求，顺应新常态下我国经济从高速增长转向中高速增长、经济结构调整从增量扩能为主转向调整存量做优增量并举、发展动力从主要依靠资源等要素投入转向创新驱动的趋势变化，坚决淘汰落后产能，化解过剩产能，整治"散乱污"企业，把发展着力点放在拼质量、拼效益、拼绿色发展上，以坚定的决心推动经济转型升级，使新发展理念落地生根。

第一，创新激活动力，发展实现新突破。天津充分发挥科技创新资源集聚优势，加快建设科技创新载体，自主创新能力显著提升，经

蓬勃兴盛的天津港

济发展动力加速转换。加强政府引导，着力聚焦高端装备制造、新一代信息技术、航空航天、石油化工、节能环保、新能源、节能与新能源汽车、新材料、生物医药和健康、互联网等支柱产业和海洋工程装备、特高压输变电、高档数控机床、机器人、集成电路、高性能服务器、国产数据库等新兴产业引导投资，培育发展新动能，抢占产业制高点。推进人才汇聚，坚持培养与引进双管齐下，不断提升人才智力赋能高质量发展水平，为战略性新兴产业的发展提供人才支撑。促进企业创新，"津"牌优质科创企业加速发展，为发挥新兴产业的带动作用和扩大创新产业集群的辐射范围持续发力。连续举办世界智能大会，成功打造智能科技领域全球高端平台，吸引龙头企业和重点项目落户津城。

第二，促进区域协调，发展开创新局面。2014年2月，习近平总书记在专题听取京津冀协同发展工作汇报时强调，"要坚持优势互补、互利共赢、扎实推进，加快走出一条科学持续的协同发展路子来"。天津积极落实京津冀协同发展重大国家战略，主动承接北京非首都功能疏解，唱好新时代京津"双城记"，全力支持雄安新区建设，推动重点领域合作持续深化。建设协同创新共同体，与京冀加强载体共建、联合攻关、成果共享。主动融入京津冀世界级城市群建设，加快构建"津城""滨城"双城发展格局，推动城市发展方式由外延扩张向内涵提升转变。

第三，绿色引领转型，发展展现新气象。天津经济社会绿色发展取得显著成效，生态优先、绿色发展的理念深入人心，生态环境保护、生态系统修复、生态宜居城市建设全面推进并取得显著成效。以刀刃向内的勇气推动绿色转型，打好污染防治攻坚战，推动美丽天津建设。着眼生态环境的系统性，把近三分之一的国土空间作为生态空间加以严格保护，绿色生态屏障初具规模，形成人与自然和谐共生的示范区，生态文明建设不断取得新突破。

第四，开放助推变革，发展形成新格局。天津立足自身实际，充分发挥北方第一大港口城市的区位和地理优势，积极推动对内开放和对外开放。把握"一带一路"建设机遇，着力提升对外开放水平和层次，依托天津自贸试验区创新可复制可推广的制度设计，开通"中欧班列—天津港"铁海联运航线，在亚非欧三大洲 19 个国家累计建成 20 个鲁班工坊。加速推进中埃·泰达苏伊士经贸合作区、中欧先进制造产业园、天津港中蒙俄经济走廊集装箱多式联运等一批重点项目，对外开放窗口作用进一步凸显。

第五，推进共建共享，发展取得新实效。天津牢记习近平总书记提出的"着力保障和改善民生"的重要要求，积极回应人民群众的关切与期待，让发展成果更多惠及民生，多角度、全方位提升人民群众的获得感和幸福感。重点民生领域改革取得重大突破，幼有所育、学有所教、劳有所得、病有所医、老有所养、住有所居、弱有所扶等取得长足进步。完成国家现代职业教育改革创新示范区建设，"互联网+医疗"服务改革全面推广，棚户区改造、城市老旧小区提升改造和农村困难群众危房改造系统推进，保障性租赁住房来源有效拓展，人民群众居住品质得到提升。国家海洋博物馆、滨海图书馆等一批标志性文化设施建成运行，公共文化服务体系日益完善。

二、"两大机遇"叠加：高质量发展优势全面塑造

党的十九届五中全会提出加快构建新发展格局的重大战略任务，在这个大背景下，京津冀协同发展和"一带一路"建设两大战略机遇交汇叠加，为天津进一步提高发展质量和效益创造了良好条件。"十四五"时期是天津在全面建成小康社会基础上，开启全面建设社会主义现代化大都市新征程的第一个五年，是推动高质量发展、构建新发展格局的关键时期。紧紧抓住"两大机遇"叠加的黄金期，充分发挥政策红利的集成优势，有利于天津在国内大循环、国际国内双循环中发挥重要作用，通过与北京市和河北省的紧密合作实现资源共享、优势互补、协同发展，通过"一带一路"建设加强与共建国家的合作，发展港口经济、物流业、贸易等，提升天津的国际影响力，塑造天津高质量发展的新优势。

第一，充分发挥区位优势，推进京津冀协同发展走深走实。坚持"一盘棋"思想，牢牢把握"一基地三区"功能定位，唱好新时代京津"双城记"，全力服务北京非首都功能疏解，倾力支持雄安新区建设，不断推动区域协同发展。一是助力区域经济布局优化，积极承接北京科技创新资源，不断积聚人力资源和产业优势，吸引重大项目、优质企业和创新资源落地，加快科技成果转化，助力经济高质量发展。二是大力推进京津冀交通一体化综合交通运输体系建设。发挥天津在联系国内国际两个市场、两种资源方面的区位优势和枢纽效应，建好大通

道、大口岸、大物流,做好通道带物流、物流带经贸、经贸带产业文章。三是推动传统制造业向高端化、智能化、绿色化方向转型升级,为雄安新区建设提供坚实的产业、物资和基础设施保障,以及高效便捷的出海口,加强重点企业与雄安新区建设紧密对接,承担各种重大基础设施建设项目。

第二,充分发挥"软实力"和"硬实力"优势,积极融入"一带一路"建设。把积极参与"一带一路"建设作为天津融入构建新发展格局、扩大全方位对外开放、推动高质量发展的重要抓手。一方面,依托要素禀赋和地理区位等"硬实力"优势推动港产城融合发展。树立"大港口、大开放、大循环"理念,全力推进北方国际航运枢纽建设。依托先进的制造业技术优势和贸易优势,全方位提高开放型经济水平。努力践行"双碳"目标,推动基础设施智慧化、生产操作智能化、

天津港海铁联运量超过 100 万标准箱,海陆运输节点枢纽优势凸显

运营管理数字化，建设"零碳港口"。另一方面，依托科教等"软实力"优势为"一带一路"建设提供科技人才智力支撑。设立"一带一路"国际科技合作示范项目专项，支持科技型企业与共建国家开展合作。建设天开高教科创园，推动形成以关键核心技术突破、科技成果转化为重点，创新链与产业链深度融合的科技创新策源地。以鲁班工坊等为依托，创新职业教育育人方式、办学模式、管理体系、保障机制，不断完善现代职业教育体系，培养大批高素质技能人才。

第三，抓住"两大机遇"交汇叠加黄金期，在推动高质量发展中构建新发展格局。在加快构建新发展格局的大背景下，对发展形势、发展任务、发展要求和发展环境进行再审视、再调整、再优化，着眼全国发展大局，立足京津冀，把构建新发展格局同实施区域重大战略、区域协调发展战略、主体功能区战略、自由贸易试验区建设等有机衔接起来，积极探索加快构建新发展格局的有效路径，努力谱写天津高质量发展新篇章。一是挖掘和释放国内超大规模市场优势和内需潜力，加快建设国际消费中心城市和区域商贸中心城市，努力成为联结国内大循环和国内国际双循环的"桥梁"。二是打造对外开放新高地，高标准建设京津冀世界级城市群中心城市，加快建设"一带一路"桥头堡，充分发挥北方地区对外开放重要通道功能，强化区域辐射带动作用和国际交往窗口作用。三是把握产业链升级与价值链重构趋势，加快推进现代制造业体系建设，加强产业链补链延链建链强链，推动京津冀现代制造业深度嵌入国内价值链，推进产业链与创新链联动发展，为建设先进制造业研发基地提供充足技术供给，形成"技术创新—创新成果产业化—产业链升级扩容"的发展模式，推动技术创新向实际生产力的高效转化。

三、"十项行动"布局：发展质量和效益不断提高

党的二十大提出了全面建成社会主义现代化强国、实现第二个百年奋斗目标，以中国式现代化全面推进中华民族伟大复兴，这一党在新时代新征程中的中心任务。天津市委、市政府聚焦事关长远发展的重点领域，对标对表国家战略、规划，做出了实施"十项行动"的决策部署，行动化、具体化、实践化贯彻落实党的二十大精神，奋力推进中国式现代化在津沽大地的实践。

国家强，经济体系必须强。现代化经济体系是由社会经济活动各个环节、各个层面、各个领域的相互关系和内在联系构成的一个有机整体，包括创新引领、协同发展的产业体系，统一开放、竞争有序的市场体系，体现效率、促进公平的收入分配体系，彰显优势、协调联动的城乡区域发展体系，资源节约、环境友好的绿色发展体系，多元平衡、安全高效的全面开放体系，充分发挥市场作用、更好发挥政府作用的经济体制等七大体系。"十项行动"的组织实施，开启了天津加快建设现代化经济体系、推进高质量发展的新征程。站在新的起点上，要充分发挥京津冀协同发展的战略优势、产业的基础优势、科技教育人才的核心优势、港口的区位优势、城乡空间的资源优势，推进高质量发展，将发展优势转化为高质量发展胜势，推动习近平新时代中国特色社会主义思想在津沽大地扎实实践。

　　第一，对标创新引领、协同发展的产业体系建设，实施制造业高质量发展行动和科教兴市人才强市行动。产业体系是现代化经济体系的物质基础，天津要大力发展现代制造业，不断推动实体经济、科技创新、现代金融、人力资源协同发展。一是实施制造业高质量发展行动，夯实实体经济根基。强化重大项目支撑，加快建设全国先进制造研发基地，带动全市工业"底盘"做强做优做大。实施智能制造赋能工程，加强智能化应用场景建设，促进数字经济与实体经济深度融合，加快制造业数字化转型和智能化升级。二是实施科教兴市人才强市行动，建设一流创新平台、培育一流创新主体、引进一流创新团队、营造一流创新生态，加强关键核心技术攻关，培育战略科技力量，打造

东疆第 2000 架融资租赁飞机交付

科技创新高地。强化企业创新主体地位，着力打通成果转化过程中的堵点难点，让创新创造活力竞相迸发。加快建设高质量教育体系，营造人才发展良好生态，实现人才资源高效配置。三是深化金融供给侧结构性改革，完善金融服务、防范金融风险，推动金融业高质量发展，使金融服务实体经济、服务人民生活。

第二，对标统一开放、竞争有序的市场体系，实施滨海新区高质量发展支撑引领行动。市场体系是现代化经济体系有效运行的重要载体，建设统一开放、竞争有序的市场体系，要求发挥滨海新区的先行先试作用，在重点领域和关键环节大胆试、大胆闯，着力在系统集成、精准施策上下功夫、出经验。一是建设改革开放先行区，努力打造市场化改革新高地、开放平台升级版，充分激活市场主体，营造市场化、法治化、国际化一流营商环境。二是不断深化"放管服"改革，建设高标准市场体系，围绕京津冀协同发展重大战略加快统一大市场建设，破除要素流动的各种壁垒，加快构建与国际通行规则相衔接的制度体系，不断提升政府服务效能、监管效能，形成营商环境持续改进的长效机制。三是加强市场互联互通，创新要素市场化配置方式，完善要素交易规则和服务体系，推动人流、物流、资金流、技术流、信息流等要素自由流动和优化配置，构建区域一体化要素市场，增强数据、知识、技术等新型要素活力，为推动经济高质量发展添油助力。

第三，对标体现效率、促进公平的收入分配体系建设，实施高品质生活创造行动和中心城区更新提升行动。分配体系是现代化经济体系的重要激励机制，发挥着保障现代化经济体系建设行稳致远的关键作用。

建设体现效率、促进公平的收入分配体系,要求推进基本公共服务均等化,逐步缩小收入分配差距,扎实推进共同富裕。一是实施高品质生活创造行动,推动现代化建设成果更多更公平惠及全体人民,促进居民收入增长,持续增进民生福祉。二是实施中心城区更新提升行动,统筹生产、生活、生态布局,围绕建设国际消费中心城市和区域商贸中心城市打造高质量发展、高品质生活、高效能治理的"极核"。三是加强基础设施建设,推进基本公共服务均等化,不断优化教育、医疗、养老、交通等资源配置,扩大优质公共服务供给,加快推动公共服务向农村延伸。

第四,对标彰显优势、协调联动的城乡区域发展体系建设,实施推动京津冀协同发展走深走实行动和乡村振兴全面推进行动。区域发展体系是现代化经济体系的空间布局结构,建设彰显优势、协调联动的城乡区域发展体系,要求实现区域良性互动、城乡融合发展、陆海统筹整体优化、培育和发挥区域比较优势,加强区域优势互补,塑造区域协调发展新格局。一是实施推动京津冀协同发展走深走实行动。发挥北方国际航运枢纽作用,不断增强城市服务辐射功能,高水平推进基础设施互联互通、生态环境联建联防联治、公共服务共建共享,有效贯通区域创新链、产业链、供应链。二是加快打造"津城""滨城"双城发展格局,构建双城互动、新区带动、各区联动的区域发展格局,优化城市空间布局,构建科学合理的大都市城镇体系。三是建设包括区域协调发展机制、有利于区域增长和创新的区域治理机制、城乡融合发展机制和乡村振兴机制、区域统筹发展的支持体系在内的城乡区域发展体系。四是实施乡村振兴全面推进行动,大力提升农业农村现代化水平,在稳定粮食生产和"菜篮子"重要农产品供给的前提卜,突出都市型农业特色,发展设施农业、生态农业、观光农业、体验农业等,开发农业多种功能,挖掘乡村多元价值,不断推进城乡融合发展,激发农业农村内生动力和发展活力。

第五,对标资源节约、环境友好的绿色发展体系建设,实施绿色低碳发展行动。绿色发展体系是现代化经济体系的生态保障,绿色发展是转变发展方式、调整产业结构、优化产业布局、促进产业创新的重要举措。建设资源节约、环境友好的绿色发展体系,要求实现绿色循环低碳发展、人与自然和谐共生,构建人与自然和谐发展的现代化建设新格局。一是稳妥有序推进"双碳"工作,加快推动产业、能源、交通运输、城乡建设等重点领域结构调整,推进绿色制造工程,加快绿色制造体系建设,持续推动绿色工厂、绿色园区建设,推进产业生态化和生态产业化,打造绿色供应链,开辟制造业绿色化转型的新通道。二是深入践行"绿水青山就是金山银山"理念,持续深入打好蓝天、碧水、净土保卫战,坚持精准治污、科学治污、依法治污,不断提高生态环境治理水平,加快建设美丽天津。

第六,对标多元平衡、安全高效的全面开放体系建设,实施港产城融合发展行动。开放体系是现代化经济体系对外联结的机制保障,建设多元平衡、安全高效的全面开放体系,要求发展更高层次开放型经济,推动开放朝着优化结构、拓展深度、提高效益方向转变。一是促进港产城深度融合,着力发展壮大港口经济。发挥天津港优势,加快建设世界一流智慧港口、绿色港口,大力推动港口、产业、城市深度融合、相互支撑、整体发展，打造世界级港口城市，加快建设北方国际航运核心区。高标准建设港口智能管控中心，提升通航效率、通关便利化水平和监管服务效能，完善港口集疏运体系，加强海港、空港协同联动，大力发展多式联运，布局建设国际物流分拨中心。二是推进自贸试验区制度创新，打造对外开放新优势。赋予自贸试验区更大自主改革创新权限，构建要素跨境自由流动制度政策体系。推进综合保税区与自贸试验区联动创新，促进"保税+""租赁+""保理+"等优势产业创新升级。构建跨境投融资绿色通道，尽快落地跨境电商"境外海外仓+境内集货仓"模式。深入推进服务业扩大开放综合试点建设，大力培育新兴贸易业态。加大引进外资力度，完善外商投资配套制度，依法保护外资企业合法权益。深度参与共建"一带一路"，借力区域全面经济伙伴关系协定，强化与东北亚、东盟、欧盟等国家和地区的经贸往来和产能合作，积极融入中蒙俄、中巴等国际经济合作走廊建设。

第七，对标充分发挥市场作用、更好发挥政府作用的经济体制建设，实施党建引领基层治理行动。经济体制是现代化经济体系的制度基础，有效市场和有为政府优势互补的经济体制是高质量发展的体制保障。建设充分发挥市场作用、更好发挥政府作用的经济体制，要求市场机制有效、微观主体有活力、宏观调控有度。这就要加强党的领导，明确政府和市场的边界，协调政府和社会的关系，在不断推进治理体系和治理能力现代化的过程中把我国的制度优势转化为治理效能。一是充分发挥市场在资源配置中的决定性作用，分层分类深化混合所有制改革，支持混合所有制企业建立灵活高效的市场化机制。二是推动有效市场和有为政府更好结合，完善中长期经济社会发展规划制度，强化经济社会发展规划的统领作用、空间规划的基础作用、专项规划和区域规划的支撑作用。三是实施党建引领基层治理行动，为统筹政府、市场、社会等各方面资源提供坚强保障，加强基层组织、基层工作、基本能力建设，不断提高基层治理社会化、法治化、智能化、专业化水平，全面提升系统治理、依法治理、综合治理、源头治理能力。

（南开大学课题组：孙景宇、荆克迪、张更辉、王永兴）

着力保障和改善民生

——答好新时代民生考卷

2013 年 5 月 14 日至 15 日，习近平总书记到天津视察，提出"着力保障和改善民生"的重要要求。十年来，天津坚持以人民为中心的发展思想，着力做好普惠性、基础性、兜底性民生工作，公共服务体系和社会保障体系更加完善，民生福祉达到新水平。

一、深刻把握"着力保障和改善民生"重要要求的理论内涵

"着力保障和改善民生"的重要要求，是习近平总书记对天津民生事业发展的具体指导，深刻回答了"为谁发展"的重大问题，为天津做好民生工作提供了根本指针。

第一，人民是历史的创造者，群众是真正的英雄，"着力保障和改善民生"深刻体现了马克思主义群众史观的基本观点。人民性是马克思

主义的本质属性。社会历史活动是人民群众的活动，人民是社会物质财富和精神财富的创造者，是社会变革的决定力量，是社会历史的真正创造者。习近平总书记指出，"没有人民支持和参与，任何改革都不可能取得成功。无论遇到任何困难和挑战，只要有人民支持和参与，就没有克服不了的困难，就没有越不过的坎"。这就要求我们必须坚持人民主体地位，充分尊重人民群众在实践活动中所表达的意愿、所创造的经验、所拥有的权利、所发挥的作用。

群众利益无小事，民生问题大于天。吃穿住行、养老就医、教育就业、收入保障等，都是人民群众最关心最直接最现实的利益问题。改善民生既是党和政府工作的方向，也是人民群众自身奋斗的目标。做好民生工作，必须坚持人人尽责、人人享有，让所有劳动者在推动发展中共享发展成果。对美好生活的向往，只有通过劳动才能实现；发展中的各种难题，只有通过劳动才能破解。我国 14 多亿人口的民生问题的解决，必须紧紧依靠广大人民群众，充分发挥其首创精神。必须鼓励引导广大群众辛勤劳动、诚实劳动、创造性劳动，以共同奋斗创造美好生活。

第二，以人民为中心的发展思想是我们党的根本执政理念，"着力保障和改善民生"体现了中国共产党人的初心使命。始终同人民在一起，为人民利益而奋斗，是马克思主义政党同其他政党的根本区别。中国共产党自诞生起，就把为中国人民谋幸福、为中华民族谋复兴确立为自己的初心使命。为民造福是立党为公、执政为民的本质要求。我们党干革命、搞建设、抓改革，都是为了人民的根本利益。习近平总书记指出，"对于我们中国共产党人来说，老百姓是我们的衣食父母。要像爱自己的父母那样爱百姓，为老百姓谋福利，带老百姓奔好日子"。党的一切工作都是为了不断推动人民生活全方位改善，持续增进民生福祉，提高人民生活品质，促进人的全面发展，让改革发展成果更多更公平惠及广大人民群众。

教育是民生之基，要努力办好人民满意的教育；就业是最大的民生工程、民心工程，要努力增加就业岗位；收入分配是民生之源，要努力实现劳动报酬增长和劳动生产率提高同步；社会保障是普惠托底的民生问题，要建立更加公平可持续的社会保障制度；人民健康是民族昌盛和国家富强的重要标志，要不断完善国民健康政策。"着力保障和改善民生"

2023 年春节市民在天津古文化街留影

的重要要求，阐明了以什么样的发展理念、路径、方法保障和改善民生的重要问题，体现了新时代在发展中补齐民生短板、促进公平正义、增进民生福祉的根本价值追求，就是要将广大人民群众拥有更多的获得感、幸福感、安全感作为出发点和落脚点。

第三，让人民生活幸福是"国之大者"，"着力保障和改善民生"的重要要求精准回应了人民对美好生活的期盼。民生连着民心，民生稳，人心就稳，社会就稳。习近平总书记指出，"共产党就是为人民谋幸福的，人民群众什么方面感觉不幸福、不快乐、不满意，我们就在哪方面下功夫，千方百计为群众排忧解难"。人民对美好生活的向往，就是我们党的奋斗目标。解决民生问题，要坚守底线、突出重点、完善制度、引导预期，注重机会公平。坚守底线，就是要织牢民生安全网的"网底"，保障群众基本生活；突出重点，就是要有所侧重，向重点群体和重点地区进行倾斜；完善制度，就是要形成系统全面的制度保障，使制度更加公平、普惠和可持续；引导预期，就是要促进形成良好舆论氛围和社会预期。解决民生问题必须从人民群众关心的事情做起。进入新时代，人民群众对民生工作提出了新的更高要求，期盼有更好的教育、更稳定的工作、更满意的收入、更可靠的社会保障、更高水平的医疗卫生服务、更舒适的居住条件、更优美的环境，期盼着孩子们能成长得更好、工作得更好、生活得更好。要满足这些期盼必须坚持不懈抓发展，在发展中保障和改善民生，推动人民生活持续改善，让改革发展成果更多更公平惠及广大人民群众，增进民生福祉，提高人民生活品质。

二、天津认真落实"着力保障和改善民生"重要要求的生动实践

民生是人民幸福之基、社会和谐之本。天津践行以人民为中心的发展思想，强化使命担当，坚持问题导向，聚焦百姓急难愁盼问题，落实落细落小各项民生举措，交出了一份人民群众满意的民生答卷。

第一，民心工程持续推进，建设成效获得新进展。民心工程是提高城市竞争力的基础工程，是展现天津新面貌的幸福工程，是聚民心、顺民意的惠民工程。天津紧紧抓住群众最急最忧最盼的紧迫问题，一年接着一年干，一件接着一件办，保持民心工程建设劲头不松、力度不减、节奏不变，全力推动民心工程圆满落实。每年精心组织实施"20项民心工程"，连续多年将财政支出的75%以上用于保障和改善民生，连续多年实施提前和延后集中供热制度。通过推广职业技能培训、创新就业创业方式，优化创业环境，推出促创新、助创业、稳就业的"民生大礼包"，实现更高质量和更充分就业。为30余万户居民解决历史遗留的房屋产权问题。实施市区棚户区改造清零计划，提升改造老旧小区及远年住房。医疗、教育、文化、交通出行等各项红利不断释放，一系列惠民举措提升了百姓的获得感和幸福感。

第二，教育事业持续挖潜，人民满意度实现新跃升。教育是民生之基、国之根本。天津始终坚持把教育摆在优先发展的战略地位，大力实施科教兴市、人才强市战略。着力扩大学前教育资源供给，探索"优质园办新园、新园独立运行"的集团化管理体制，分级补助普惠性民办幼儿园等办法，推进学前教育普及普惠安全优质发展。积极推进义务教育

春日市民在五大道观赏海棠

资源优质均衡发展，建立区域内教师校长交流轮岗机制，推行学区化、集团化办学，加强居民住宅小区配套中小学建设，全面完成乡村小规模学校提升改造工程，全市 100% 的公办小学和 99% 的公办初中实现免试就近入学，学校面貌发生巨大变化。高质量完成国家现代职业教育改革创新示范区建设任务，为全市经济社会发展提供了重要支撑。"大思政课"建设成效显著，学校思政工作走在全国前列。扎实推进"双减"政策落实落地，在提升课后服务水平和持续推进校外培训机构治理等方面持续发力，坚持五育并举，提升教育教学质量，促进学生健康成长、全面发展。

第三，社会保障和社会治理事业持续发展，现代化水平获得新突破。社会保障是人民生活的安全网和社会稳定器，与人民幸福安康息息相关。天津用心织密筑牢社会保障网络，建立健全了覆盖全民、统筹城乡、公平统一、安全规范、可持续的多层次社会保障体系，在全国率先建立了省级城乡统筹社会保险制度，率先启动医用耗材跨区域联合带量采购，建立职工大病保险制度，开展长期护理保险制度试点，养老、工伤、失业、生育等保险待遇以及医保门诊报销限额、住院报销比例稳步提高，城乡低保、低收入家庭救助、特困供养、优抚对象抚恤补助等标准连续提升，"救急难"服务平台实现全覆盖。推进传统线下服务与线上智能化服务的深度融合，加快社保经办"全城通办""打包快办"步伐。统筹推进"三医"联动改革，建立优化分级诊疗模式，推广"互联网＋医疗"服务。统筹解决老有所养问题，推动老年日间照料中心社会化运营，群众急难愁盼问题得到有效解决。

三、推动"着力保障和改善民生"工作的实践要求

天津聚焦事关长远发展的重点领域全面深化改革，使教育更优质、工作更稳定、收入更充实、保障更可靠、就医更便利、住房更舒适、环境更优美、精神文化生活更丰富，持续增强群众获得感幸福感安全感，推动天津民生事业高质量发展。

第一，奋力促进高质量发展，夯实天津民生事业发展的物质基础。

发展是党执政兴国的第一要务，增进民生福祉是发展的根本目的。经济发展是民生改善的物质基础，离开经济发展谈改善民生是无源之水、无本之木。坚持在高质量发展中保障和改善民生。要聚焦高质量，深入实施科教兴市战略、人才强市战略、创新驱动发展战略，持续推动经济运行整体好转，实现质的有效提升和量的合理增长。要稳住商贸消费，积极发展文旅消费，加快培育新型消费，充分激发消费活力，筑牢天津民生事业发展的物质基础。

第二，全面推动高水平改革开放，激发天津民生事业发展的内生动力。改革开放是决定当代中国命运的关键一招，是当代中国发展进步的活力之源，也是推动民生事业高质量发展的重要路径。当前，民生工作所面临问题的复杂程度明显加大，既有一些多年未解决的"老大难"问题，又有一些新问题。着力保障和改善民生，天津要在深化改革开放上示范引领，不断向改革开放要动力，从最困难的群众入手、从最突出的问题抓起、从最现实的利益出发，切实了解基层的困难事、群众的烦心事，聚焦"衣食住行、业教保医"等关系人民群众切身利益的重点领域和关键环节大胆试、大胆闯，着力在系统集成、精准施策上下功夫、出经验，以更高的站位、更宽的视野、更大的力度谋划和推进民生领域的改革开放，让改革发展成果更多更公平惠及全体人民。

第三，扎实推进高效能治理，提升天津社会治理体系和治理能力现代化水平。基础不牢，地动山摇。社会治理重心必须向基层下移，落实到城乡社区。社区服务和管理能力强了，社会治理的基础就实了。树牢大抓基层、大抓基础的鲜明导向，坚持重心下移、力量下沉、保障下倾，以党建为引领，以市域社会治理现代化试点全域创建为契机，加强基层组织、基础工作、基本能力建设，不断提高基层治理社会化、法治化、智能化、专业化水平，加快推进基层治理现代化。增强基层党组织政治功能和组织功能，统筹政府、市场、社会等各方资源，统筹基层自治组织、社会组织、志愿者等各方力量，把党的全面领导贯彻到基层治理全过程各方面。夯实社会基层治理，把党的政治优势、组织优势、群众工作优势转化为基层治理优势。畅通和规范群众诉求表达、利益协调、权益保障通道，及时把矛盾纠纷化解在基层、化解在萌芽状态，深入推进党建引领基层治理的制度建设，夯实天津民生事业发展的治理基石。

第四，实施高品质生活创造行动，推进天津民生事业提档升级。新

中新天津生态城东堤公园

时代，我国社会主要矛盾发生转化，人民的美好生活需要日益广泛，不仅对物质文化生活提出了更高要求，而且在民主、法治、公平、正义、安全、环境等方面的要求日益增长。创造高品质生活，既是中国共产党人初心使命在新时代的具体体现，也是全面建设社会主义现代化国家的目标追求。要提高人民群众的生活品质，落实积极的就业政策，促进居民收入增长。要健全基本公共服务体系，提高公共服务水平，提升公共服务品质，增强均衡性和可及性。努力完善社会保障体系，加快医疗卫生事业发展，推动体育事业发展，为群众提供全方位全周期健康服务，加大养老服务有效供给。奋力提升精神文化生活品质，加强社会主义精神文明建设，丰富文化产品和公共文化服务供给。积极促进社会公平正义，深化全过程人民民主实践，建设法治天津。持续加强美丽天津建设，创造社会发展的良好生态环境。让社会发展更平衡、更充分，人民生活更幸福、更美好，推动天津民生事业在高质量发展赛道上扬帆起航，创造美好未来。

（天津师范大学课题组：杨仁忠、吴澌、张广全、田俊萍、刘青旭、许冠东）

着力加强和改善党的领导

——为全面建设社会主义现代化
大都市提供根本政治保证

　　全面建设社会主义现代化国家、全面推进中华民族伟大复兴，关键在党，关键在党的集中统一领导。坚持和改善党的领导，关系党和国家的前途命运，关系事业兴衰成败。2013年5月，习近平总书记在天津视察时提出"着力加强和改善党的领导"的重要要求。这体现了新时代习近平总书记对执政党建设规律和现代化建设规律的深邃思考和深刻把握。十年来，天津不断推进新时代党的建设新的伟大工程，着力加强和改善党的领导，坚持以党的政治建设为统领，教育引导党员干部坚定拥护"两个确立"、坚决做到"两个维护"，不断提高政治判断力、政治领悟力、政治执行力，推动政治生态发生明显变化，党的领导全面加强。历史和实践证明，党的领导是党和国家事业不断发展的"定海神针"，"着力加强和改善党的领导"为天津全面建设社会主义现代化大都市提供根本政治保证。

一、着力加强和改善党的领导的重要意义

（一）为应对前进道路上的风险挑战提供了重要保障

改革开放后，我们党围绕加强和改善党的领导进行了持续努力，党的建设新的伟大工程取得显著成效，为党和国家事业发展提供了根本政治保证，为我们继续前进奠定了坚实基础，创造了良好条件，提供了重要保障。但同时一系列长期积累的矛盾和问题也亟待解决。党内存在不少对坚持党的领导认识模糊、行动乏力问题，存在不少落实党的领导弱化、虚化、淡化问题，特别是有些党员干部对党中央重大决策部署执行不力，搞上有政策、下有对策，甚至口心不一，做"两面人"，搞"两面派"，等等。这些问题的存在严重影响到党的团结统一，严重影响到社会主义现代化建设的顺利进行。面对这些突出问题，习近平总书记旗帜鲜明提出要着力加强和改善党的领导，体现了对党的自身建设规律的深刻把握。为解决党内存在的突出矛盾和问题提供了路径指南，有力维护了党中央权威和集中统一领导，保证全党在政治立场、政治方向、政治原则、政治道路上同党中央保持高度一致，使党在革命性锻造中变得更加坚强有力。

（二）为着力提高发展质量和效益奠定了坚实基础

中国特色社会主义进入新时代，我国经济发展开始由高速增长阶段转向高质量发展阶段。着力提高发展质量和效益，就要回答好"由

武清区丁家疃村党群服务中心

谁领导、由谁组织"的问题，就必须毫不动摇加强和改善党的领导。一是党的创新理论为提高发展质量和效益提供科学的指导思想。中国共产党以开放的态度对待马克思主义，坚持把马克思主义基本原理与中国实际相结合、与中华优秀传统文化相结合，不断推进实践基础上的理论创新，不断以马克思主义中国化时代化的最新成果指导中国实践。习近平新时代中国特色社会主义思想是当代中国马克思主义、二十一世纪马克思主义，是中华文化和中国精神的时代精华，为着力提高发展质量和效益提供了根本遵循。二是党的强大领导能力为提高发展质量和效益提供了充沛的实践动能。党领导的改革开放是决定当代中国命运的关键一招，也是决定能否真正提高发展质量和效益的关键一招。坚持深化改革才能有效破解制约发展质量和效益的深层次体制机制障碍，充分释放发展动力和活力。随着改革不断向纵深推进，只有加强和改善党的领导，才能冲破各种藩篱，啃下难啃的"硬骨头"，

77

调动社会各方面积极性，不断把我国制度优势转化为国家治理效能，为提高发展质量和效益提供充沛的实践动能。三是党的精神谱系为提高发展质量和效益提供了持久精神动力。一百多年来，中国共产党形成以伟大建党精神为源头的精神谱系，为百年大党团结带领广大人民群众提高发展质量、创造美好生活，提供了薪火相传、源源不断的精神动力。要着力提高发展质量和效益，就必须加强和改善党的全面领导，坚持党中央集中统一领导，深刻领悟"两个确立"的决定性意义，进一步增强"四个意识"、坚定"四个自信"、做到"两个维护"，着力推动高质量发展。

（三）为着力保障和改善民生提供了根本依托

坚持人民至上，是我们党的根本执政理念。以人民为中心的发展思想，深刻回答了发展为了谁、发展依靠谁和发展成果由谁共享的重大问题。民生联结民心，坚持以人民为中心，是我们党一切工作的出发点和落脚点。一是党的性质宗旨和初心使命是保障和改善民生的根本出发点。为什么人、靠什么人的问题，是检验一个政党、一个政权性质的试金石。为中国人民谋幸福、为中华民族谋复兴，是中国共产党的初心和使命。一百多年来，党始终践行初心和使命，领导人民进行了不懈奋斗，使中国实现了从四分五裂到高度统一，从一盘散沙到民族团结，从积贫积弱到全面小康，从被动挨打到独立自主的华丽转身，使我们仅用几十年时间就走完了西方发达国家几百年走过的工业化历程，创造了经济快速发展和社会长期稳定两大奇迹，人民生活发生了巨变，民生得到了极大改善。三是党的群众路线和执政理念是保障和改善民生的重要保证。习近平总书记多次强调，江山就是人民，人民就是江山。中国共产党领导人民打江山、守江山，守的是人民的心。坚持人民主体地位，坚持立党为公、执政为民的理念，是党的根本政治立场。我们党自成立以来，全党始终牢记中国共产党是什么、要干什么这个根本问题，既立足当下解决群众眼前急难愁盼问题，又注重谋划长远加强建章立制，全力办好普惠性民生实事。党的十八大以来，习近平总书记反复强调"民心是最大的政治"，始终把人民放在心中最高位置，把以人民为中心的发展思想贯穿治国理政全部工作之中，把人民至上作为党的最高价值追求，始终带着深厚的感情为群众办好急事、难事、长远事。

二、着力加强和改善党的领导在实践中不断丰富和发展

十年来，天津始终牢记习近平总书记的殷殷嘱托，坚持以习近平新时代中国特色社会主义思想为指导，坚决把"三个着力"重要要求贯彻落实到经济社会发展各领域、各环节，把着力加强和改善党的领导贯彻落实到一切工作中。在贯彻落实习近平总书记重要要求的生动实践中，我们对坚持党的领导不仅在理论上有了新认识，而且在实践中有了新探索，进一步加强党对一切工作领导的体制机制。

（一）强调党的领导是中国特色社会主义最本质的特征

党的十八大以来，习近平总书记曾经指出，我们面临的主要挑战就是对落实党的领导弱化、虚化、淡化、边缘化问题。不改变这种局面，就会削弱党的执政能力，动摇党的执政基础，甚至会断送我们党和人民

的美好未来。因此，以习近平同志为核心的党中央采取一系列重大措施，纠正了一个时期以来的模糊和错误认识，扭转了一些地方和部门存在的党的领导弱化、党的建设缺失现象，使党的领导得到全面加强。习近平总书记多次强调，"中国共产党的领导是中国特色社会主义最本质的特征"，"坚持和完善党的领导，是党和国家的根本所在、命脉所在，是全国各族人民的利益所在、幸福所在"。全面建设社会主义现代化国家、全面推进中华民族伟大复兴，关键在党。2018年通过的宪法修正案，将"中国共产党领导是中国特色社会主义最本质的特征"写入了宪法第一条第二款，体现了我们党对中国特色社会主义认识的深化。

（二）强调坚持党对一切工作的领导

党的十八大以来，习近平总书记多次强调指出，"党政军民学，东西南北中，党是领导一切的"，"加强党对一切工作的领导，这一要求不是空洞的、抽象的，要在各方面各环节落实和体现"。坚持党的领导要贯彻和体现到改革发展稳定、内政外交国防、治党治国治军各个领域各个方面，党的领导必须落实到中国特色社会主义事业中，体现到党和国家事业的各方面和全过程。在经济建设方面，强调党的领导是我国社会主义市场经济体制的一个重要特征；在政治建设方面，强调我国社会主义政治制度优越性的一个突出特点，是坚持党总揽全局、协调各方的领导核心地位；在法治建设方面，强调党的领导是社会主义法治最根本的保证；在文化建设方面，强调要坚持和巩固党对意识形态工作的领导，牢牢掌握意识形态工作领导权；在社会建设方面，强调要坚定不移走中国特色社会主义社会治理之路，善于把党的领导和我国社会主义制度优势转化为社会治理优势；在生态文明建设方面，强调各级党委、政府及各有关方面要把生态文明建设作为一项重要任务，扎实工作、合力攻坚。党的执政是全面执政，从中央到地方，从党内到党外，都在党的统一领导之下。党的任何组织和成员，无论在哪个领域、哪个层级、哪个单位，都要服从党中央集中统一领导。

（三）强调以党的自我革命引领社会革命

习近平总书记指出："勇于自我革命是中国共产党区别于其他政党的显著标志。"勇于自我革命是我们党自我完善和发展的利器、永葆先进性和纯洁性的法宝，也是我们党破解历史周期率的第二个答案。中国共产党的领导已经与中国的发展进步融为一体，与中华民族的前途命运浑然一体，与中国人民的共同愿景连为一体，成为中国特色社会主义制度的最大优势。克服前进道路上各种艰难险阻，实现第二个百年奋斗目标和中华民族伟大复兴，必须牢记"国之大者"，充分发挥党在国家事业中的坚强领导核心作用。只有始终坚持自我革命，持续全面从严治党，在激浊扬清、革故鼎新中实现自我净化、自我完善、自我革新、自我提高，才能始终赢得人民拥护、巩固长期执政地位。通过自我革命跳出治乱兴衰的历史周期率，保持社会长期稳定和经济长期发展，进而为社会革命的持续推进提供物质保障和动力支撑。只有通过自我革命，确保中国共产党的坚强领导，才能将党的政治优势、制度优势充分地释放和发挥出来，汇聚起磅礴伟力，把自我革命带来的优势切实转化为推动全面社会革命的胜势。

三、新征程上续写加强和改善党的领导新篇章

十年来，天津坚决贯彻习近平总书记关于着力加强和改善党的领导的重要要求，以高度的政治自觉践行"两个维护"，把贯彻落实习近平总书记重要指示批示精神和党中央决策部署作为重要政治责任、领导责任、工作责任，为天津经济社会发展提供了重要保证和强大动能。全面从严治党永远在路上，党的自我革命永远在路上。新征程上，面对更加艰巨繁重的社会主义现代化大都市建设任务和时代考卷，我们必须担负起时代使命，坚定不移加强和改善党的领导，以永不懈怠和一往无前的奋斗姿态，续写加强和改善党的领导新篇章。

（一）持之以恒抓好政治建设

政治建设是党的根本性建设，决定党的建设的方向和效果。加强和改善党的领导，必须持之以恒地抓好政治建设这个根本性建设。加强党的政治建设，就要不断提高政治判断力、政治领悟力、政治执行力，坚决维护习近平总书记全党的核心、党中央的核心地位，坚决维护党中央权威和集中统一领导，始终在思想上政治上行动上同以习近平同志为核心的党中央保持高度一致，强化政治责任，保持政治定力，把准政治方向，提高政治能力，增强斗争精神，坚决同破坏政治纪律和政治规矩的行为作斗争。推进政治监督具体化、精准化、常态化。坚持德才兼备、以德为先、任人唯贤的干部路线，努力培养造就具有铁一般信仰、铁一般信念、铁一般纪律、铁一般

担当的高素质十部队伍。

（二）持之以恒推进思想建党、理论强党

始终重视思想建党、理论强党，是我们党的优良传统和根本优势。新时代党的思想建设的根本任务，就是用习近平新时代中国特色社会主义思想武装头脑、指导实践、推动工作，这是做好一切工作的重要前提。要把理论武装作为党的一项基本理论建设、基本政治建设来抓，作为进行伟大斗争、建设伟大工程、推进伟大事业、实现伟大梦想的中心环节和基础工作来抓。坚持系统学，全面掌握这一思想的科学体系、核心要义和实践要求。坚持跟进学，及时学习领会习近平总书记最新重要讲话和重要指示批示精神、党中央重大决策部署。坚持联系实际学，紧密结合新实践新要求，紧密结合思想和工作实际，有针对性地重点学习，切实学懂弄通做实习近平新时代中国特色社会主义思想。全面学习贯彻领会习近平新时代中国特色社会主义思想，全面系统掌握这一思想的基本观点、科学体系，把握好这一思想的世界观、方法论，坚持好、运用好贯穿其中的立场观点方法，不断增进对党的创新理论的政治认同、思想认同、理论认同、情感认同，真正把马克思主义看家本领学到手，自觉用习近平新时代中国特色社会主义思想指导各项工作。

（三）持之以恒完善党的自我革命制度规范体系

加强和改善党的领导，必须把制度建设贯穿始终。党的二十大报告把制度建设摆在更加突出位置，要求形成坚持真理、修正错误，发现问题、纠正偏差的机制。要完善党内法规制度体系，不断扎紧扎牢

制度笼子，增强党内法规权威性和执行力，不断提升全党的纪律意识、规矩意识、法治意识。尊崇党章、学习党章、维护党章，认真贯彻执行党的民主集中制。巩固深化政治巡视，落实巡视全覆盖任务，加强巡视整改和成果运用。完善问责制度，落实责任追究机制。健全党统一领导、全面覆盖、权威高效的监督体系，促进各类监督贯通协调、形成合力。健全党和国家监督体系，加强对权力运行的制约和监督，让人民监督权力，让权力在阳光下运行，把权力关进制度的笼子。

（四）持之以恒推进全面从严治党

全面从严治党永远在路上，决不能有松劲歇脚、疲劳厌战的情绪，必须持之以恒推进全面从严治党。全面加强党的领导、全面深化改革、全面依法治国、全面建设社会主义现代化强国，必然要求全面加强党的建设，必然要求全面从严治党。打铁必须自身硬。办好中国的事情，关键在党，关键在坚持党要管党、全面从严治党。全面从严治党不是权宜之计，而是关系中华民族实现强起来的伟大飞跃、关系党和国家长治久安的根本大计。要靠全面从严治党，严明党的纪律、经受"四大考验"、防范"四种危险"，解决党内思想不纯、政治不纯、组织不纯、作风不纯问题，推进伟大自我革命，保持党同人民群众的血肉联系；要靠全面从严治党，增强党的生机活力，提高党的创造力凝聚力战斗力和领导力号召力。

（五）持之以恒提高党的建设质量

提高党的建设质量，是党的建设经验的科学总结，是顺应新时代党的建设总要求提出的重大课题。提高党的建设质量，就要坚持用时代发展要求审视自己，以强烈忧患意识警醒自己，以改革创新精神加强和完善自己，在应对风险挑战中锻炼提高，在解决党内存在的突出矛盾和问题中净化纯洁，不断提高管党治党水平。提高党的建设质量，就要驰而不息抓好党的作风建设。党的十八大以来，党中央直面党内存在的种种问题和弊端，从制定和执行中央八项规定破题，解决了新形势下作风建设抓什么、怎么抓的问题，推进了全面从严治党，推动了党风、政风、社风全面好转。提高党的建设质量，就要坚持以上率下，聚焦突出问题，紧盯关键节点，锲而不舍落实中央八项规定精神，重点纠治形式主义、官僚主义，坚决破除特权思想和特权行为。把握作风建设地区性、行业性、阶段性特点，抓住普遍发生、反复出现的问题深化整治。坚持纠"四风"、树新风并举，弘扬党的光荣传统和优良作风，使全党同志务必不忘初心、牢记使命，务必谦虚谨慎、艰苦奋斗，务必敢于斗争、善于斗争，切实把质量强党要求落实到党的建设工作的各个方面、各个环节，落实到基层，努力使党的各级组织真正做到政治上强、思想上强、组织上强、作风上强、纪律上强、制度上强，确保我们党始终走在时代前列，始终成为中国特色社会主义和中华民族伟大复兴的坚强领导核心，始终成为中国人民和中华民族的主心骨。

（六）持之以恒打赢反腐败斗争攻坚战持久战

加强和改善党的领导，必须把反腐败作为重大政治任务。党的二十大报告深刻分析腐败滋生的原因，阐明我们党与腐败水火不容的鲜明立场，强调反腐败斗争一刻不能停，必须永远吹冲锋号。要保持反对和惩治腐败的强大力量常在，坚决防止领导干部成为利益集团和权势团体的代言人、代理人。深化整治权力集中、资金密集、资源富集领域腐败，坚决惩治群众身边"蝇贪"，严肃查处领导干部配偶、子女及其配偶等亲属和身边工作人员利用影响力谋私贪腐问题。准确把握腐败阶段性特征和变化趋势，有效惩治新型腐败和隐性腐败，构建追逃防逃追赃一体机制。坚持系统施治、标本兼治，不敢腐、不能腐、不想腐一体推进，惩治震慑、制度约束、提高觉悟一体发力，不断取得更多制度性成果和更大治理效能，坚定不移走好中国特色反腐败之路。

回首过去，在中国共产党坚强领导下，我国全面建成小康社会，中华民族迎来从富起来到强起来的伟大飞跃，谱写了人类发展史上最伟大的篇章。展望未来，新时代是充满光荣与梦想的远征，新的伟大篇章正等待我们去创造。艰难困苦，玉汝于成。要继续坚持以"三个着力"重要要求领航天津，把着力加强和改善党的领导的重要要求落地落实，始终以锐意进取、永不懈怠的精神状态和敢闯敢干、一往无前的奋斗姿态，高举旗帜，坚定信心，艰苦奋斗，为续写天津现代化大都市建设新篇章提供坚实政治保证！

（中共天津市委党校课题组：张亚勇、吴迪、季雅婷、王篆、姜楠）

推进"十项行动"见行见效

今年是全面贯彻落实党的二十大精神的开局之年。天津坚定不移以习近平新时代中国特色社会主义思想为指引，围绕党的二十大报告部署的目标任务，紧密结合深入学习贯彻习近平总书记对天津工作"三个着力"的重要要求和一系列重要指示批示精神，聚焦事关长远发展的重点领域，对标国家战略、规划，凝心聚力绘制"十项行动"施工图，切实把党的二十大作出的战略部署付诸行动、见诸实效。

"十项行动"分别是，推动京津冀协同发展走深走实行动、滨海新区高质量发展支撑引领行动、科教兴市人才强市行动、港产城融合发展行动、制造业高质量发展行动、中心城区更新提升行动、乡村振兴全面推进行动、绿色低碳发展行动、高品质生活创造行动和党建引领基层治理行动。

"十项行动"既是天津全面贯彻落实党的二十大精神的重要抓手，也是深入开展学习贯彻习近平新时代中国特色社会主义思想主题教育的重要举措，对于落实京津冀协同发展重大国家战略，加快建设社会主义现代化大都市，具有重要意义。天津将发扬历史主动精神，扎扎实实推进"十项行动"见行见效，奋力开创全面建设社会主义现代化大都市新局面，全力为强国建设、民族复兴贡献天津力量。

一

推动京津冀协同发展
走深走实行动

京津冀协同发展是习近平总书记亲自谋划、亲自部署、亲自推动的重大国家战略，是天津全面建设社会主义现代化大都市的主战略、大战略。党的二十大报告指出，"推进京津冀协同发展、长江经济带发展、长三角一体化发展，推动黄河流域生态保护和高质量发展"。

推动京津冀协同发展走深走实是天津高质量发展的战略机遇，更是完整、准确、全面贯彻新发展理念、服务融入新发展格局的光荣使命。天津市委、市政府把推动京津冀协同发展走深走实行动摆在"十项行动"的首要位置，统领各项行动往深里走、向实处做，引领天津未来发展。以承接北京非首都功能疏解为"牛鼻子"，唱好京津"双城记"，围绕实现"一基地三区"功能定位，切实把京津冀协同发展的战略优势、产业的基础优势、科技教育人才的核心优势、港口的"硬核"优势、城乡空间的资源优势，转化为天津高质量发展的胜势，扎实推进重大国家战略在津沽大地见行见效。

以空间结构优化推动京津冀协同发展走深走实的天津作为

——"推动京津冀协同发展走深走实行动"调研

京津冀协同发展是习近平总书记亲自谋划、亲自部署、亲自推动的重大国家战略。在世界百年未有之大变局下，通过京津冀协同发展促进世界级经济高地的建设，为我国经济振兴和全面建设社会主义现代化国家奠定坚实的基础。天津地处京畿重地，在京津冀协同发展中具有举足轻重的地位。京津冀协同发展战略实施九年来，天津坚持把这一国家战略作为全面建设社会主义现代化大都市的主战略、大战略，始终坚持在服务国家重大战略中实现自身发展。天津将推动京津冀协同发展走深走实行动列为"十项行动"之首，在战略统筹、产业链创新链对接、"一基地三区"建设、跨省市合作、重点领域协同等方面取得显著成效。

当前，京津冀协同发展已进入爬坡过坎、滚石上山的纵深推进阶段。天津必须立足红利优势,转化发展新动能,以空间结构优化为抓手,启动京津都市连绵带建设,强劲城市群筋骨,推动基础设施同城化、多链对接融合、政策与服务协同,为京津冀协同发展贡献天津力量。

一、面向中国式现代化的天津使命

党的二十大作出了以中国式现代化实现中华民族伟大复兴的战略部署,提出了高质量构建新发展格局的具体目标。在构建新发展格局中,我国区域发展的外部环境、目标定位、发展现状都有所调整,需要结合国家对区域发展的新部署深化对京津冀协同发展战略的认识和把握。从新发展格局的角度来看,京津冀协同发展不仅是一个地区发展规划,更是关乎构建新发展格局的重大国家战略。需要探索人口经济密集地区优化开发新模式、资源生态约束地区内涵集约发展新路径,有效支撑中国式现代化的推进。面向中国式现代化的京津冀协同发展战略呈现六大特点:一是要构筑经济新高地,建设与大国地位相称的世界级经济中心;二是大尺度空间优化的新样板,建设以首都为核心的世界级城市群;三是以增长极为抓手,实现解决"三期叠加"难题的新突破;四是做好区域协调、缩减区域差距的新尝试;五是深化体制机制改革、提高政府治理能力的新示范;六是生态修复、双碳减排、集约式发展的新试验。

天津作为京津冀第二大都市和京畿门户,是唱好京津"双城记"的主角之一,也是京津冀通勤圈、功能圈、产业圈联动的核心支点。围绕京津"双城记"和天津"一基地三区"功能定位,纵深推进京津冀协同发展,深度参与京津冀世界级城市群建设,是天津服务国家重大战略与实现城市自身发展的重要使命和责任担当。

二、天津优势、发展基础与存在的问题

（一）天津的独特优势

挖掘红利，立足优势，转化发展新动能，是天津推动京津冀协同发展走深走实的根本。一是区位优势。天津应利用靠近北京的优势服务北京，通过一体化建设提升天津在世界级城市群中的地位和作用。二是制造业基础优势。组织实施制造业高质量发展行动，推动制造业高端化、智能化、绿色化发展，全面建设全国先进制造研发基地。三是口岸优势。借助天津北方国际航运枢纽和自贸试验区优势，加快港航经济发展，提升开放窗口的辐射力。四是成熟都市的优势。天津作为具有600多年历史、近1400万人口的成熟大都市，公共服务好、生活品质高。以上这些优势为天津服务国家战略、振兴全市经济奠定了雄厚的基础。

（二）新起点上天津在推动京津冀协同发展中取得的成绩

2022年，京津冀地区经济总量突破十万亿元，成为继长三角、珠三角之后，中国第三个跨入"十万亿"门槛的城市群。天津始终坚持服务国家重大战略，在战略统筹、产业链创新链对接融合、"一基地三区"建设、跨省市合作、重点领域协同等方面贡献重要力量。

第一，突出战略引领，强化统筹推进。天津围绕党的二十大部署的目标任务，紧密结合深入学习贯彻习近平总书记对天津工作提出的"三个着力"重要要求和一系列重要指示批示精神，组织实施"十项

行动"，把推动京津冀协同发展走深走实行动摆在"十项行动"之首，制定《推动京津冀协同发展走深走实行动方案》，明确 7 方面 25 项重点任务，并细化分解为近百项重大项目和 200 余项重点工作，成立产业、科技创新、交通、民生和社会服务、生态环保 5 个领域的协同工作专班，逐一落实、见行见效。

第二，开展链式对接，蓄能区域发展。京津冀协同发展战略实施以来，三地产业链创新链协作水平持续提升，从"承接转移"向"产业链对接"和"创新成果落地"转变。天津集中力量推进了一批高质量合作平台的更新和建设，持续发挥滨海新区承接北京非首都功能疏解战略合作功能区的龙头带动作用，深化建设天津滨海—中关村科技园、宝坻京津中关村科技城、武清京津产业新城，建设天开高教科创园，更新中央商务区，促成更多优质项目落地。2023 年 1—2 月，北京投资来源单位在津新设机构 137 家，落地重大项目 34 个，总投资 258.8

天津滨海—中关村科技园全景

亿元，同比分别增长 41.2%、209% 和 923%，打开了产业链创新链对接新局面。

第三，扎实推进"一基地三区"建设，立足红利做文章。制造业是天津的底色，港口是天津的特色，先试先行是天津的本色。天津制造业高质量发展态势良好，2023 年 1—2 月，高技术制造业增加值增长 7.5%，快于全市规上工业 6 个百分点。港产城加速融合发展，天津港完成集装箱吞吐量 309.1 万标准箱，同比增长 8.5%；以天津港为离境港的启运港退税政策落地实施。与中信集团、中国工商银行等央企和大型金融机构总部签署了合作协议。天津的窗口功能、产业功能持续优化。

第四，主动协同对接，开展务实合作。2023 年 2 月 15 日和 16 日，天津市党政代表团分别赴北京市和河北省学习考察，认真总结发展经验，明确了新时期新阶段京津和津冀合作的方向和重点。三地签署了《北京市人民政府 天津市人民政府进一步加强战略合作框架协议》《天津市人民政府 河北省人民政府进一步加强战略合作框架协议》等重要文件，推动形成了区域协调、务实合作新局面。

第五，全面深化改革，优化营商环境。首先，基础设施共建。津兴铁路全线铺轨，"轨道上的京津冀"再添新动脉；高标准建设中国联通京津冀数字科技产业园、中国电信京津冀智能算力中心，筑牢津城数字底座。其次，公共服务共享。全面实现京津冀区域内异地就医住院、普通门诊和门诊慢特病医疗费用直接结算免备案，共享津城优质医疗资源。最后，工作互联。强化对口部门和地区之间的日常联系，建立干部常态化交流机制，有序推进项目落地和工作开展。

（三）推动京津冀协同发展走深走实面临的问题

对照中国式现代化的蓝图和世界级城市群的标准，天津在推动京津冀协同发展中还存在改进和发展的空间，要充分利用天津优势红利，主动对接，填平洼地，提高区域要素聚集能力。

一是区域经济落差仍然存在。2022年，京津冀三地人均GDP分别为19.03万元、11.92万元和5.7万元，居民人均可支配收入分别为7.7万元、4.9万元和3.0万元，区域差距较大。此外，三地经济发展不均衡，不利于协同优势的发挥，制约了以首都为核心的世界级城市群建设进程。

二是链式融合困难依然存在。京津冀三地产业自成体系，存在产业同构现象，地区规模优势没有得到充分发挥，完整的产业链尚未形成，内生性增长动力有待充分激活。北京技术输出呈蛙跳状向长三角和珠三角转移的局面没有得到根本性扭转，津冀区位红利没有高效发挥。2021年，北京流向津冀技术合同成交额占其流向外省市技术合同成交额的比例仅为8.1%。此外，北京与津冀两地高层次人才也存在区域性落差，人才结构需要进一步优化。

三是协同问题仍然存在。空间方面，京津两地城区规模分布结构呈哑铃形，中心区域与边缘区域之间存在落差，中间层次的差距使地区规模结构影响实现有效衔接，存在京津空间融合断点，影响双城联动。营商环境方面，三地营商环境不均衡，仍需改进提升。制度建设方面，区域协同发展机制体制仍需创新，以现代化区域治理体系破解市场分割仍需探索。

三、以空间结构优化为抓手推动京津冀协同发展走深走实的具体做法

以"联动双城、互联互通、聚集成轴、以轴带面"为发展逻辑，沿着京津发展轴，优化形成以"北京首都功能核心区—北京中心城区—北京城市副中心（通州）—廊坊—天津武清—天津中心城区—滨海新区"为主要枢纽，多核心、星云状、网络化的空间结构，构建规模有序分布、功能合理分工、城乡协调互动、生态和谐宜居的现代化空间体系，充分挖掘临近北京红利，加快基础设施同城化一体化建设，促进产业链创新链人才链对接，推进生态环境联建联防联治，加快区域政策和公共服务协同，做好改革试点示范，推动京津冀协同发展走深走实。

（一）以空间结构优化打破发展困局

以"通武廊"为先导区，启动京津都市连绵带建设。一是选择在武清与北京临近的区位上，以京津产业新城为基础，充分发挥区域智力密集区优势和优越生态人居环境优势，构建靠近北京、服务北京、进行空间主轴方向调整的新空间载体。二是打造科技创新平台。以创新为方向，建立新经济示范区，大力发展高技术产业，促进新兴业态成长，积极培育高端服务业和孵化器，为京津发展轴的产业发展打造新引擎和最具活力的核心地区。整合京津技术资源，利用国际战略联盟、创新驿站、研发联合体等方式，共建京津创新驱动聚集区。在武清建设科创"飞地"，围绕数字经济、新能源汽

车、生物医药、医疗器械等产业，做优做强一批配套企业，促进产业链上下游延伸。三是制度改革先行先试。探索技术产权交易细则、运行模式与政策保障，激活技术交易市场。探索建立都市连绵带上的行政管理创新和新型管理模式，建立多元化可持续的城镇投融资机制，综合推进协同发展的体制机制改革，营造活跃、自由、开放、友好的市场环境。

（二）挖掘临近北京优势深化协同

充分挖掘临京红利，唱好京津"双城记"，打造区域高质量发展新高地。一是挖掘区位红利。做强"1+16"承接载体，深化与国家部委、央企、大院大所和首都合作，有序错位承接项目转移；做优交通基础设施，增加高峰时段京津城际列车班次，补齐数字基建短板，加快双城要素流动；做实京津都市连绵带建设，使京津在市场、管理和空间上真正连成一体，形成京津冀世界级城市群主骨架。二是挖掘港口红利。充分发挥天津国际化大港口优势，强化内循环外循环双联动效应，建立高效率、全流程的港航产业链，优化集疏运体系，服务首都、服务雄安、服务津冀，推进区域经贸协同深化。三是挖掘产业红利。集中精力打造3—5条重点高新技术产业链，推动发展项目在京孵化、在津落地，为深化区域产业协同积累经验；瞄准具有较好发展前景的集成电路、生物医药、节能环保、新材料、新能源、智能装备等重点领域，提前谋划产业分工布局，加快形成适应未来国际竞争的高新技术产业体系。

（三）以基础设施同城化一体化实现双赢

完善同城化基础设施建设。一是织密高铁城际网。建成津兴城际铁路、京滨城际（北辰—滨海新区段），形成4条高铁城际联通京津双城格局。建成津潍高铁，联通京津冀与长三角。二是完善公路网。实施京津塘高速公路、津沧高速公路改扩建工程，新建滨唐高速公路天津段，增加与京冀高速公路接口。三是推进能源管网互联互通。利用沿海液化天然气资源优势，建设中石化、国家管网LNG接收站及北京燃气LNG应急储备项目，打造北方地区重要的LNG资源接收区，提升京津冀地区储气调峰能力。

做优一体化新型基础设施建设。一是推进信息通信网络基础设施建设。实施千兆5G和千兆光网"双千兆"建设提升工程，参与全国一体化算力网络京津冀枢纽节点建设，加快推进汽车、装备制造、生物医药等重点行业工业互联网标识解析国家二级节点建设，推进中国电信京津冀大数据基地、腾讯IDC数据中心等项目落地实施。二是推动新型基础设施智慧应用。依托天津（西青）国家级车联网先导区、天津（滨海新区）人工智能创新应用先导区等载体平台，构建丰富多维的车联网等示范应用场景；依托国家超级计算天津中心，构建新一代超级计算机创新应用生态；强化数字资源对政务服务的支撑，促进在教育、医疗、应急管理等领域的融合发展。三是优化完善特高压通道。积极融入京津冀特高压环网，推动新建"大同—怀来—天津北—天津南"特高压通道，扩建天津南特高压站，逐步构建"三通道两落点"特高压受电格局。

（四）以产业链创新链人才链融合提升经济实力

推动产业链融合，实现从承接转移到产业链对接高质量转换。一是持续开展产业筑基工程。构建比较优势产业形态，协同京冀共同绘制产业图谱，加快向价值链高端延伸。二是联合培育京津冀先进制造业集群。依托天津经开区生物医药国家新型工业化产业示范基地，加快建设京津冀生命健康国家级先进制造业集群；依托一汽丰田、长城汽车等整车和关键零部件项目，培育京津冀汽车产业先进制造业集群。三是共同推动工业示范基地建设。推动生物医药、电子信息、高端装备制造、新能源等天津优势产业领域的研发协作，建设系列工业示范基地，与京冀资源共享、产品互换、产业共生。

推动创新链融合。一是共建京津冀国家技术创新中心，拓展基础研究合作领域，促进原创成果在天津应用转化，推进高新技术企业资质互认、科技创新券合作、大型科研仪器开放共享。二是发挥京津冀科技成果转化联盟作用，用好京津冀科技成果转化基金，持续深化与中国科学院、中国工程院、清华大学、北京大学等合作，带动产学研用各类创新主体的跨区域协作攻关。三是做好创新孵化平台，培育一批重点科技创新平台孵化产业领域单项冠军，形成一批重点科技创新平台突破性技术和标志性产品。

推动人才链融合。一是优化人才跨区域流动机制，达成三地人才资质互认，构建区域人才信息平台，实现人才供求信息、薪酬信息、政策信息、培训信息等互联互通。二是常态化干部互派交流机制，有计划分批遴选天津开发区、重点产业园区干部到北京中关村等高端产业园区挂职锻炼。三是深化人才交流和引进机制，鼓励京津冀职业教育联合办学并开展定期技能交流，联合京冀打造高层次引才聚才平台，推出一批面向全球的"揭榜挂帅"项目。

（五）以生态环境联建联防联治实现可持续发展

联建环首都生态屏障带。建设京津湿地生态过渡带，严格保护七里海、北大港、团泊、大黄堡等重要湿地；建设环渤海湾生态修复带，严格保护天津海域自然岸线；打造串联式"一环十一园"的植物园链和贯穿天津南北的生态廊道；推进区域水网共建，实施北大港水库扩容工程，完善南水北调中线市内配套工程，新改扩建主力供水水厂，加强蓟运河等一级行洪河道堤防达标治理，提升区域供水安全保障和防洪标准。

联防联治大气水体污染。一是强化京津冀及周边地区大气水体质量监测机制，深入实施污染协同应急处置和联合执法。二是加大新能源、清洁能源推广应用，推进重点行业、重点设施超低排放改造和重点行业大气污染综合治理，着力整合供热资源，持续推动煤炭清洁高效利用。三是继续实施"六河五湖"综合治理和生态修复，系统性推进永定河生态修复和大运河、大清河、潮白河等重点流域治理保护。

（六）以社会政策和公共服务协同缩小区域落差

深化社会政策协同。完善社会保障卡应用场景，对接京冀推进以社会保障卡为载体的"一卡通"服务管理模式。落实京津冀劳务协作协议，健全跨区域就业信息协同和发布制度，开展常态化劳务对接和联合招聘活动。畅通京津冀失业保险转移接续渠道，落实工伤认定异地委托合作协议，完善三地劳动人事争议协同处理机制，开展办案执法合作，加强跨区域案件处理。

深化公共服务协同。一是全方位加强基础教育、职业教育、高等教育合作。办好北京十一学校北辰分校，落实北京来津重点企业员工子女义务教育入学安置政策；做好京津冀职教联盟，联合建设国家职业教育质量发展研究中心；建好国家区域重大战略高校智库联盟、天津师范大学京津冀教育协同发展实训基地等合作载体。二是推动公共卫生信息互联互通和医学交流。建设京津冀医疗卫生信息系统，健全京津冀突发公共卫生事件应急联动处置机制；推动天津中医药大学第一附属医院争创国家医学中心，支持河北省石家庄市中医院建设省级区域医疗中心。三是深化京津冀养老服务试点建设。支持北京养老项目向宝坻、蓟州等地区布局，建立健全三地养老保险待遇领取资格认定信息协调机制，落实跨区域养老机构补贴支持政策。四是加强区域

天津师范大学京津冀教育协同发展实训基地

在建的北京协和医学院天津医院一期项目

文体交流。谋划京津冀精品文旅路线，积极打造京津冀系列特色主题健身赛事，积极申报世界排球联赛、世界女排俱乐部锦标赛等国际顶级赛事，举办中国·天津第六届体育旅游大会。

（七）以区域内改革试点示范完善区域治理

试点项目跨区域协同管理服务机制。赋予天津铁厂、芦台经济开发区、双河农场等"飞地"，通武廊、京东黄金走廊等"合作区"的开发建设管理机构更多项目管理权限，针对部分领域制定统一的项目准入标准，实现招商引资政策的统筹管理。

试点跨区域投入共担、利益共享的财税管理制度。率先在通武廊地区试点财政共同投入和分享机制，实现平台数据交互、异地办税、区域通办，探索对新设企业形成的税收增量跨地区分享新办法。明确合作共建和产业转移园区的 GDP、税收分解核算比例，对三地在创新项目合作中投入的人才、技术、土地、资本等要素进行价值评估，根据要素贡献大小确定项目收益分配方案，并通过税收分成等形式实现发展成果共享；对于区域协同创新共建项目和科研成果的异地转化项目，从其税收收入中提取一定比例作为区域协同创新基金，为创新资源开发、创新成果应用及转化提供金融支撑。

试点三地市场准入、运行和监督共享共用制度。以京津冀三地自贸区为试点，探索建立三地电子营业执照共享共用机制、推进外商投资企业登记信息共享机制；持续完善"一网通办"平台，推进线上线下政务服务能力提升，探索市场主体登记确认、代位注销、强制除名、强制注销等共用制度，建立普通注销和简易注销登记制度相配套的市场主体退出机制。

（南开大学课题组：刘秉镰、边杨、刘玉海）

天津牢固树立"一盘棋"思想，坚持优势互补、互利共赢——

推动京津冀协同发展走深走实

九载春华秋实，镌刻不朽印记。

2013 年 5 月，习近平总书记在天津调研时提出，要谱写新时期社会主义现代化的京津"双城记"。2014 年 2 月，习近平总书记在北京主持召开座谈会，专题听取京津冀协同发展工作汇报，明确将实现京津冀协同发展作为重大国家战略，强调"要坚持优势互补、互利共赢、扎实推进，加快走出一条科学持续的协同发展路子来"。

天津干部群众深入贯彻落实习近平总书记关于京津冀协同发展重要讲话和指示批示精神，扎实落实《京津冀协同发展规划纲要》，牢固树立"一盘棋"思想，谱写新时代京津"双城记"，全力推动北京创新资源与天津研发生产转化优势互补、紧密衔接，全力支持北京城市副中心和雄安新区建设……

京津冀协同发展的重大国家战略，在津沽大地走深走实，结出累累硕果。

做强承接载体，已引进北京企业投资项目超 6900 个，资金到位额超 1.2 万亿元

眼下，总占地 26 亩的中冶迈克（天津）液压科技有限公司新厂区已拔地而起。"3 月份投产后，预计年产值 3 个亿，比过去翻一番。"公司董事长助理宋大维介绍。

一年前，中冶迈克因在京用地成本增加，增产扩能遭遇瓶颈。公司高层反复研究，对比政策、交通、用地成本等多重因素，最终决定搬迁至天津宝坻区京津中关村科技城。

"上午签约拿地，下午工程队就进场施工了。"宋大维说，科技城为中冶迈克制订了专属落地方案，提供"店小二"式服务，协调 20 多个部门联动推进，项目审批要件全部前置办理。今年刚开春，科技城管委会又派人上门服务，帮助公司打通生产环节堵点，从而实现"竣工即投产"。

怎么让北京非首都功能疏解项目愿意来、留得住、发展好？京津中关村科技城打造的"类中关村"服务模式和产业生态环境发挥了重要作用。"更深层次的是，我们探索京津之间市场化合作机制，中关村不只输出品牌，还有资本、团队、理念，双方形成了有机的利益共同体。"京津中关村科技城党工委书记、管委会主任王浩介绍，京津中关村科技城是中关村在京外第一个重资产投资项目，中关村发展集团持股比例 56%，已累计投入 15 亿元。

紧紧抓住疏解北京非首都功能这个"牛鼻子"，天津有力有效推进

错位承接，全方位深化与国家部委、央企、大院大所和北京市合作，逐步构建起以滨海新区为综合承载平台、各区专业承载平台为支撑的"1+16"承接格局。目前，天津已引进北京企业投资项目超 6900 个，资金到位额超 1.2 万亿元。2023 年，预计新增承接项目投资额将超 1600 亿元。

《天津市支持重点平台服务京津冀协同发展的政策措施（试行）》《天津市支持重点企业发展服务保障指引（试行）》等政策也先后出台，落实人才落户、子女入学转学、医疗服务等配套支持政策，为符合产业定位的重点企业在津发展创造便利条件。

深化产业协同，推动发展项目"在京孵化、在津落地"

位于北辰区的 SMC（天津）制造有限公司的智能化生产车间内，一个个精细打磨的新型气动控制元件陆续下线。

SMC 公司是全球领先的气动元件制造和销售商，产品广泛应用于汽车、机床、医疗等行业。当初扩产能为新厂选址时，正值京津冀协同发展战略提出。"北辰区制造业产业配套完善，有利于我们在北京的研发成果应用落地。"SMC（天津）制造有限公司总经理马清海说，来到天津后，企业发展加快，去年 12 月产值同比增长 61%。

加快推动北京创新资源与天津研发生产转化优势互补、紧密衔接，北辰区积极拓展京津冀产业协同发展的深度广度。"我们将加快发展壮大高端装备产业园，发挥龙头企业引领作用，围绕绿色能源、高端装备、智能制造等产业，打造承接首都资源新高地。"北辰经济技术开发区党工委副书记刘俊凯说。

走进武清区轨道交通产业园，铁科纵横（天津）科技发展有限公司的 12 条生产线正开足马力加紧生产。公司副总经理于军介绍，今年一季度公司订单产值预计 1.9 亿元，同比增长 15%。

铁科纵横 2014 年落户武清区，承担着中国铁道科学研究院众多研发成果的落地任务。乘着京津冀协同发展的东风，武清区深化与北京优势资源对接，统筹产业链、供应链、创新链、人才链一体推进，目前已形成近 50 家轨道交通企业的产业集群，实现动力、控制、信号等产业链全覆盖。

武清区近年来提出"前移引育端口"的思路，通过在北京设立协同创新中心、离岸协同平台、众创空间等，打造京津双向协同创新综合服务平台。"作为天津融入京津冀协同发展的桥头堡，我们将加快健全'产、学、研、用、金、服'体系，让'在京孵化、在津落地'的思路举措转化成更多成果。"武清区委书记刘惠说。

围绕"全国先进制造研发基地"的功能定位，天津加快推进京津冀产业协同发展，深入实施制造业立市战略。2022 年，信创、生物医药等 12 条产业链增加值占天津市规模以上工业增加值的比重达到 77.9%。

优化服务举措，全力支持北京城市副中心和雄安新区建设

渤海湾畔，天津港集装箱码头装卸作业繁忙。百余标准箱货物通过绿色通道出港装车，半日内即可运抵雄安新区。

"我们开通绿色通道，将港口服务功能及相关海运物流资源在雄安进行汇集和前置，实现对客户的零距离服务。"天津港集团董事长褚斌介绍，2019 年 8 月，天津港在雄安新区设立了天津港集团雄安服务中心，以雄安新区周边 3 个物流节点为支撑，为雄安新区的外贸进

出口企业提供"一站式"港口物流服务。2022 年，天津港服务雄安新区绿色通道集装箱操作量超过 1.3 万标准箱。

天津港强化服务首都、服务津冀、服务辐射腹地功能，开通运行天津港至北京平谷班列，天津港至河北邢台、高邑等地海铁联运班列，与环渤海 12 家港口共同发布联合服务倡议，做强环渤海"天天班""两点一航"服务，强化京津冀、环渤海地区经贸联系互动和生产要素流通。近 4 年，环渤海内支线运量年均增长 50% 以上。

津石高速公路天津东段通车，从天津港出发，1.5 小时直达雄安新区；天津职业大学牵头组建"津雄职教发展联盟"，天津第一商业学校、第一轻工业学校等职业院校通过合作办学、成立雄安班等方式提供技能培训服务；从全市 45 家医疗卫生机构选派专业技术人员 200 多人次为雄安新区提供专业技术帮扶；宝坻区、武清区等毗邻区主动加强与北京城市副中心的合作交流……天津全力支持北京城市副中心和雄安新区建设，迈出坚实步伐。

今年 1 月，天津市委、市政府聚焦事关长远发展的重点领域，提出实施"十项行动"，其中"京津冀协同发展走深走实行动"居于首位。天津将项目化、清单化落实落细各项任务，推动协同发展往深处拓展、在实处见效。天津市委主要负责同志表示，未来 5 年，天津将更好从全局谋划一域、以一域服务全局，奋力书写天津融入京津冀协同发展战略新篇章。

（原载于 2023 年 3 月 28 日《人民日报》第 3 版，
记者乔杨、武少民、李家鼎）

二

滨海新区高质量
发展支撑引领行动

滨海新区是天津发展的龙头、引擎和重要增长极，是服务京津冀协同发展和共建"一带一路"的战略支点，推动高质量发展的条件得天独厚。2013 年 5 月，习近平总书记在视察天津时指出，要以滨海新区为龙头，积极调整优化产业结构，加快转变经济发展方式，推动产业集成集约集群发展。天津要充分利用滨海新区平台，先行先试重大改革措施，努力为全国改革发展积累经验。

　　党的二十大报告指出，"高质量发展是全面建设社会主义现代化国家的首要任务"。牢记习近平总书记殷殷嘱托，自觉从全局谋划一域、以一域服务全局，扎实实施滨海新区高质量发展支撑引领行动，切实肩负起新区服务构建新发展格局和全面建设社会主义现代化大都市的使命责任，更好发挥先行先试作用，为推动全市高质量发展、服务京津冀协同发展和共建"一带一路"作出更大贡献。

充分发挥滨海新区主引擎作用
——"滨海新区高质量发展支撑引领行动"调研

　　2013年，习近平总书记在天津视察时强调，要以滨海新区为龙头，积极调整优化产业结构，加快转变经济发展方式，推动产业集成集约集群发展。滨海新区作为天津发展的龙头、引擎和重要增长极，是服务京津冀协同发展和共建"一带一路"的战略支点。近年来，滨海新区牢牢把握发展先机，高效重组生产要素资源，持续优化经济空间布局，深入实施创新立区、制造强区、改革活区、开放兴区、环境优区五大战略，经济规模和能级实现大跃升，城市承载力、吸引力、竞争力显著提升。2022年，滨海新区地区生产总值、规上工业总产值、限上批发零售业销售额分别占全市42.8%、52.0%和61.8%，高质量发展迈出坚实步伐。

一、先行先试激发活力，滨海新区发展质量效益提升的十年历程

（一）经济能级跃升，规模效应和区域竞争力持续增强

功能区重组改革取得实效。创新功能区架构，建成天津经济技术开发区、天津港保税区、天津滨海高新技术产业开发区、天津东疆综合保税区、中新天津生态城五大功能区。天津经济技术开发区形成以高端基础件与关键零部件为基础，以工业互联网、大数据、人工智能等新兴产业为代表的国内先进高端装备与智能制造产业集群，在智能软件、智能工厂、智能装备、智能终端、大数据等领域具备较强的产业优势。十年来，天津港保税区地区生产总值平均增长率达10.7%，二、

三产业增加值平均增长率分别为13.3%、9.1%，2021年完成"百千万"亿发展目标；东疆综合保税区税收年均增长52.3%，外贸进出口总额年均增长23%，实际使用外资年均增长22.9%，实际使用内资年均增长29.1%。

京津冀协同发展成效显著。高标准打造京津冀配套完善"产业区"，依托滨海—中关村科技园、北方航空物流基地、南港化工新材料基地等承接载体平台，开展精准错位承接，2014年以来累计引进北京项目5000余个，协议投资额近1.3亿元。深化"跨省通办"，建立京津冀自贸试验区政务服务通办联动机制，推进京津冀金融同城化，实现FT账户政策京冀企业共享，京津冀异地就医门诊、住院全部实现医保直接联网结算，一体化交通体系加速构建。

蓬勃向上的滨海新区

"一基地三区"核心区建设迈上新台阶。2014年，京津冀协同发展战略实施以来，滨海新区主动融入，在服务国家重大战略中不断发展壮大。2022年，新区地区生产总值达到6789亿元，对全市经济增长的贡献率超过40%。创新引领优势不断显现，金融创新发展生态加速形成，通关便利化水平实现再提升，自贸政策支持重点产业领域创新突破，世界一流智慧港口绿色港口加快建设。2022年，天津港集装箱吞吐量增长3.7%，增速位居全球十大港口前列，北方国际航运核心区作用凸显。

（二）发展动力源不断夯实，创新要素加速集聚

自主创新能力显著提升。国家超级计算天津中心广泛应用，信创、合成生物学、细胞生态"海河实验室"相继揭牌，生物制造谷、中国信创谷、细胞谷、北方声谷加快建设。荣获中国技术市场"金桥奖"22项，90项科技成果获得2021年度天津市科学技术奖，均创历史最好成绩。

企业创新主体地位不断巩固。国家高新技术企业已超过4600家，"雏鹰""瞪羚"和领军（培育）企业超过2500家，国家专精特新"小巨人"企业84家，国家级企业技术中心35家，上市公司累计达到53家。市级制造业创新中心累计达到8家，市级以上研发机构累计达到575家，众创空间66家。

创新生态持续优化。试点实行"揭榜挂帅＋里程碑"等制度，积极开展企业创新积分制国家级试点。2022年，技术合同成交额超600亿元，创历史最高水平。加快建设知识产权运营服务体系，实现全国

国有企业知识产权资产证券化零的突破，荣获国家知识产权强市建设示范城市称号。科创中国枢纽城市排名第一。

（三）结构动能充分激发，产业现代化高级化提档升级

现代化产业体系不断完善。着力构建"1+3+4"现代化产业体系，聚焦重点产业和关键领域，加快引育新动能，深入实施制造强区战略，多项指标领跑全市，工业经济持续健康平稳增长。2022 年，规上工业企业产值突破1.1万亿元。累计获批9家国家新型工业化产业示范基地，引领带动示范作用进一步增强。

产业集群规模持续壮大。围绕生物医药、信创、石化、汽车等重点产业，积极培育产业集群，形成石油化工一个三千亿级产业集群，汽车和装备制造两个两千亿级产业集群，新一代信息技术、新能源新材料两个千亿级产业集群。京津冀生命健康集群成为国内唯一一个跨省级行政区划的先进制造业产业集群，动力电池、信息安全产业集群获批全国先进制造业集群，彰显了滨海新区特色品牌。

制造产业高端化智能化发展步伐加快。深化串链补链强链工程，开展产业上下游联动与应用对接。全区 12 条产业链在链企业超 1000家，2022 年全区在链企业产值同比增长 12%，高于全区工业 3.6 个百分点。围绕高端化、精细化发展石油化工产业，加速汽车产业向电动化、智能化和网联化升级，形成以智能制造装备、轨道交通装备、海洋装备为主的高端装备制造发展格局。

（四）数字经济与实体经济不断融合，新经济新业态蓬勃发展

数字产业发展态势良好。建有电子信息、软件和信息服务 2 个国家级新型示范化产业基地，网络信息安全产品和服务产业入选国家战略性新兴产业集群，国家自主可控信息安全产业入选国家创新型产业集群试点，自主可控信息安全设备、车规级芯片入选工信部中小企业特色产业集群。2021 年，天津经济技术开发区数字经济核心产业营业收入超过 1500 亿元，新增智慧工厂 12 家，企业云平台 11 家，生产线智能化改造 34 家。

优势领域全链发展格局逐步形成。高标准建设中国信创谷，打造完整自主可控产业体系，引育信创企业 201 家，产业规模 782.59 亿元，形成了集底层硬件、软件算法、行业应用及终端产品为一体的人工智能产业生态体系。10 个人工智能应用场景入选工信部"智赋百景"示范，12 个项目成功揭榜人工智能创新等国家重点任务，初步形成大数据与云计算全流程的交易生态。

新业态新模式持续涌现。金融创新运营示范区加快建设，聚集金融、类金融机构 2011 家。租赁产业持续领跑全国，飞机租赁业务总量突破 2000 架，船舶离岸租赁业务占全国近 90%。落地全国首笔数字人民币保理业务，商业保理继续保持全国领先。

中心渔港获批国家骨干冷链物流基地。2022 年，跨境电商综合试验区建设取得新进展，完成国内首单跨境电商离岸业务，形成了完整的跨境电子商务产业链。

（五）改革活力持续增强，政府作用与市场力量同向驱动

行政管理体制机制不断完善。坚持"闯"字当头、"干"字当先、

"创"字为要，将改革开放创新作为推动"二次创业"的强大动力和不竭源泉，"能上能下"的体制机制持续完善，内部考核激励机制进一步优化，实现组织绩效向个人绩效延伸。扎实推进"放管服"改革，放权赋能，打造基层高效服务环境。

营商环境持续优化。出台《促进民营经济高质量发展"春笋行动"实施方案》，强化民营经济高质量发展环境支持、要素保障、成长激励。全区民营企业总量超过 16.5 万户，民营经营主体占比超过 90%；2022 年实现民营经济增加值 1911 亿元，税收 696 亿元。国企改革三年行动圆满收官，盘活区属国企存量资产 25 亿元。2020 年，营商环境考核评价在国家级新区中整体表现优秀。

贸易便利化改革深入推进。坚持以自贸试验区引领开放，推出新一批 41 项全市复制推广的试点经验，制度创新指数连续三年位居全国前列。在贸易自由、投资便利、金融服务、法治环境等方面着力探索，形成一批首创性、颠覆性、可复制可推广的创新成果。成立天津自贸试验区跨境投融资综合服务中心和海外工程投资服务中心，累计实施百余项通关监管创新措施，打造新型离岸国际贸易模式，推动"保税+"业务扩点扩面。

二、释放发展红利，发挥滨海新区"头雁"作用

（一）在大局中把握滨海新区发展的历史机遇

从国际看，"一带一路"建设持续深化，《区域全面经济伙伴关系协定》（RCEP）全面签署，新一轮科技革命和产业变革深入发展，为滨海新区深度参与全球合作、融入全球贸易发展格局、促进生产模

式和组织方式的变革、提高开发开放能级提供了重要机遇。

从国内看,我国进入全面建设社会主义现代化国家新征程、向第二个百年奋斗目标进军的新发展阶段,正在加快形成以国内大循环为主体、国内国际双循环相互促进的新发展格局。在世界百年未有之大变局与中华民族伟大复兴战略全局深度联动中,滨海新区应把握深化改革开放的历史机遇,强化全球视野和战略思维,放大改革开放先行区、金融创新运营示范区、自由贸易试验区等先行先试效应,着力抢占先机,加快前瞻布局,在扩大国内需求、提高供给质量、推动高水平制度型开放上持续发力,深耕国内强大市场、不断拓宽国际市场,打造国内大循环的重要节点、国内国际双向循环的战略支点。

(二)在服务国家重大战略中把握滨海新区发展的时代机遇

京津冀协同发展是习近平总书记亲自谋划、亲自部署、亲自推动的重大国家战略,是天津全面建设社会主义现代化大都市的主战略、大战略。新区将以推进京津冀协同发展为战略牵引,加快打造"一基地三区"核心区、新时代高质量发展示范区、中国式现代化建设先行区,积极融入协同、参与协同、服务协同,把战略势能转化为发展动能。

目前,京津冀协同发展重大国家战略进入全面深化实施的新阶段,天津市委、市政府将推动京津冀协同发展走深走实行动放在"十项行动"之首,加快落实推进"一基地三区"功能定位,加强协同创新、错位分工,加快产业承接平台和绿色智慧港口建设。推动京津冀科技创新协同,大力发展信创、新能源汽车、生物医药等战略性新兴产业。创新协同发展体制机制和政策体系,打造服务京津冀协同发展示范区,提升区域协作发展能级。

（三）在各区协同中把握滨海新区发展的先发机遇

滨海新区已进入加快建设社会主义现代化大都市、支撑引领全市高质量发展、服务新发展格局的关键阶段，为加快补齐重点领域短板、提升新型基础设施建设水平、推动实体经济高质量发展、加快高水平对外开放注入了新动能。在加快形成新区龙头带动、"双城"更加均衡、大区支撑有力、各区协同并进的发展态势中，明确位置、优化布局，抓好主业、彰显特色、互补共促，强化政策引领、体制机制创新和改革开放探索，全力推进美丽滨城建设攻坚行动，促进"滨城"更好发挥先行先试优势和高质量发展的支撑力、引领力作用。

三、汇聚高质量发展新优势，在新征程上迈向滨海新区层级跃升的更高水平

（一）担负起经济大区职责使命

2023年，滨海新区更加深刻把握发展定位和使命责任，强化担当，真抓实干，扎实实施滨海新区高质量发展支撑引领行动，为全市经济社会发展作出更大贡献。

壮大滨海新区经济规模和实力，打造若干特色产业集群，增强经济主导力量。大抓成龙配套，大力实施串链补链强链工程，引聚上下游配套企业。围绕创新链布局产业链、围绕产业链部署创新链，补齐短板，发挥优势，促进产业高端化、智能化、绿色化发展。推动

现代服务业同先进制造业深度融合，打造国际化专业服务体系。推动信息网络、生物医药、高端装备制造等战略性新兴产业融合集群发展，大力发展数字经济，释放数据要素价值，推动传统产业智能化转型，加快产业数字化和数字产业化，打造具有竞争力的数字产业集群。

强化创新引领功能，加快布局国家科技战略力量，努力增强经济发展创新力和竞争力。完善科技创新体系，优化配置创新资源，培育科技创新动能，推进区域科技创新中心建设，贯通区域研发生产转化链条，增强自主创新能力。加强企业主导的产学研深度融合，提高创新集聚度，打造创新策源地。推行多元化培训计划，推动创新链产业链资金链人才链深度融合，打造高水平专业人才聚集地。

加快建设改革开放先行区，激发市场活力和社会创造力。依托开放平台、体制机制、先行先试等综合优势，打造一流营商环境。推动货物贸易优化升级，创新服务贸易发展机制，发展数字贸易，提升跨境电商能级，完善跨境电子商务产业链。营造市场化、法治化、国际化一流营商环境。优化区域开放布局，提升京津冀战略合作功能区能级，打造高水平承接北京非首都功能疏解的主要承载地，推动京津冀协同和共建"一带一路"高质量发展。

（二）提高各功能区经济联动水平

立足各功能区优势特色，充分发挥叠加效能，形成优势互补、协同联动、错位竞争、共建共享的发展格局。天津经济技术开发区重点发展新一代信息技术、生物医药、化工新材料、汽车制造等产业；天津滨海高新技术产业开发区重点发展新一代信息技术、新能源新材料产业；天津东疆保税港区重点发展融资租赁、商业保理、航运物流等产业；保税区重点发展高端装备、国际贸易产业；中新天津生态城重点发展智能科技服务、休闲文旅等产业。

以制度创新为核心，完善统筹机制和政策体系，促进各功能区形成互利共赢体制机制。加强政策协同对接，形成相向发展、联动发展的良好态势。创新完善、探索管理体制创新机制，通过建立自贸联动创新区、产城融合示范区、现代服务业合作区等方式促进五大功能区间联动发展、融合互动。高效联通数字基础设施，打造高质量产业发展平台，借助物联网、大数据、云计算等技术精确对接产业链环节，培育"5G+工业互联网"生态体系。加快科技创新合作体制建设，探索协同创新模式，创新科技管理机制，促进人员、资金、技术和信息等创新要素在功能区间的高效便捷流动。

（三）全力推动港产城融合发展

优化港产城功能布局，发挥港口独特资源优势，拓展航运服务产业链。完善金融服务、商务中心功能，汇聚高端航运资源要素，更好地服务和融入以国内大循环为主、国内国际双循环相互促进的新发展格局。大力推动港口、产业、城市深度融合、相互支撑、整体发展，促进港口、园区、城市间有效衔接、潜力释放、服务升级，以港口带动产业和城市发展，以产业支撑港口和城市兴盛，以城市承托港口和产业需求。

构建"大港口、大开放、大循环"的海洋产业发展格局。加快天津港数字化转型，打造世界一流智慧港口、绿色港口，加快北方国际航运核心区建设。大力发展港口经济，培育海洋产业集群，构建以高端航运业、临港物流业、临港制造业为基础，以航运金融、航运交易、大宗商品贸易等临港服务业为保障，以海洋科技、海洋文旅、海洋生物医药等新兴产业为支撑的海洋产业发展格局。以邮轮经济为切入点，依托京津冀、东北亚区域优势，加快布局邮轮全产业链生态体系，发挥品牌效益，提升服务能级，赋能国际消费中心城市建设，激发海洋旅游业新发展极。

四、推动滨海新区更好发挥增长极作用的创新路径

（一）增强京津冀产业协同与技术联合攻坚能力

推进载体平台建设与资源聚集。全面提升天津滨海—中关村科技园、京津冀科研成果转化中心、新经济创新平台等国家级创新平台功能，充分发挥京津冀科技资源共享服务平台作用，推动重大科研基础设施、大型科研仪器、科技文献、科学数据等科技资源合理流动与开放共享，深化与京津冀区域内知名高校和院所的科研创新合作，促进京津冀科技创新资源向滨海新区充分聚集。

联合打好关键核心技术攻坚战。加强科技创新前瞻布局，展开联合技术攻关，构建高效强大的共性技术供给体系，集中突破一批"卡脖子"核心关键技术，联合提升原始创新策源能力。积极融入京津冀国家技术创新中心建设，充分发挥京津冀科技成果转化联盟作用，推

动京津冀科技成果转移转化服务体系互联互通。

提升京津冀产业协同发展能级。推动天津经济技术开发区加快打造"于响"片区为滨城城市客厅、现代金融中心和新经济总部基地。聚焦智能科技、数字平台等功能区代表性产业，推动共同培育扶持区域龙头企业和配套产业链，联手打造世界级先进制造业集群。推动临港、空港片区完善建设氢能示范产业园，打造氢能产业技术创新平台，推进氢能应用先行区和京津冀氢能供给集散枢纽建设。推动天津经济技术开发区和天津滨海高新技术产业开发区高标准建设京津冀特色"细胞谷"，推进"一核、两区、多园"产业空间布局，重点优化经开区、高新区两个"细胞谷"试验区建设，打造国家生物医药国际创新园、生物医药园、生物医药创新中心、渤龙产业园、中新生态城生物医药产业园等多个产业园区。推动自贸试验区加快打造数字服务贸易创新平台，强化和提升京津冀和华北地区整体数字经济出口辐射和带动作用。

（二）培育区域自主科技创新生态

健全科技创新的激励和促进机制。构建充分体现知识、技术等创新要素价值的收益分配机制，营造崇尚创新的社会氛围。完善科技金融生态，构建全生命周期、多层次的科技金融支撑服务体系。强化知识产权保护、运用和服务，搭建知识产权运营公共服务平台，支持创新主体提高知识产权运用能力。完善"众创空间—孵化器—科技园区"全链条孵化体系，打造一批独具产业特色的孵化载体，支持专业化双创载体配置共享实验室，共享小试、中试车间和生产线，营造创新创业氛围，集聚创客资源。

增强企业的创新主体地位。鼓励企业加大研发投入，承担重大科研项目，成为技术创新决策、研发投入、科研组织和成果转化的主体。深入实施创新型企业梯度培育行动，深入推动大型企业建设国家双创示范基地及创新平台，搭建"龙头企业＋双创孵化"建设体系。加快培育科技型上市企业，构建大企业与中小企业融通创新的高精尖企业集群。加强"独角兽"企业培育，建立"独角兽"和准"独角兽"企业库，实行动态跟踪服务。发挥企业家在技术创新中的重要作用，重视企业家的首创精神。

促进创新要素效能释放。完善技术转移体系，精准对接企业技术需求，引育一批高水平专业技术转移机构，加强紧密的产学研用协同联动，健全科技成果应用转化体系，加快科技成果转移转化，促进更多科技成果转化为现实生产力。加强产业政策和人才政策衔接配套，健全人才"引育留用评"政策体系，加快集聚和激活创新人才。

（三）打造数字经济核心产业集群

巩固数字经济发展根基。把握数字经济发展的战略机遇，充分发挥数字技术的放大、叠加、倍增作用，重点推动数字化产业集中布局和产业数字化交互融合。夯实数字基础设施，推进新型基础设施建设和传统基础设施数字化改造，完善大数据存储与超算中心相结合的新一代信息基础设施网络建设，依托京津冀大数据综合实验区建设，构建完善的大数据发展和产业支撑体系。加快培育数据要素市场，依托生态城北方大数据交易中心建设，构建全国领先的跨行业、跨区域的"数据汇津"流通交易生态系统。

打造数字经济产业集聚发展的新格局。培育京津冀特色化数字产业集群，布局建设全产业链协同创新的京津冀数字经济"虚拟"产业园，探索搭建跨地域云空间，增强互联网技术基础核心和普惠金融服务核心功能。用好龙头企业，促进上下游企业共同补链延链升链建链，推动算力产业、工业互联网等成龙配套建设。结合制造业高质量发展需要，推动"天河工业云"向工业互联网平台演进升级，发展国内领先的工业互联网平台，以数字技术赋能制造业转型升级，以制造业升级带动数字产业发展。提高国家超级计算天津中心的数字经济产业聚集能力，大力发展软件开发、软件测试、系统租赁、系统托管等信息技术外包业务，拓展外包业务领域，促进外包服务向价值链高端发展。

推进数字平台多元化发展。推进天津港保税区平台经济规范健康持续发展，大力发展网络货运平台、全球空间气象数据生产与应用推广数字云平台、数字商务服务平台、灵活用工服务平台、云办公服务平台等数字生产服务平台发展。积极布局云会诊、远程教育等数字经济新场景，推动城市交通运行服务平台、数字娱乐服务平台等数字生活服务平台建设。

大力发展高水平数字贸易。培育数字贸易、数字物流、数字金融等新业态，打造东疆中国数字货运集聚区，推动实现港口、仓储、第三方物流、港航服务等供应链各环节的互联互通。积极融入国际、国家、区域等数字经济战略生态体系，加快数字贸易商业模式、监管模式、信息化管理和国际合作等的先行先试，全力推进国家数字服务出口基地建设。

（四）提升现代城市服务载体功能

提升城市建设品质。推进公共文化服务设施数字化智慧化，巩固提升国家公共文化服务体系示范区建设成果，推进国家级文化产业示范园区建设。保护传承具有滨海特色的优秀历史文化，推进"一廊一带一区多组团"（沿海蓝色走廊，海河都市观光带，国家级全域旅游示范区，红色革命教育游、工业特色游、出海观光游、盐渔风情游、乡村特色游、城市文化街区游、绿色生态游等多组团）文旅融合发展新格局。实施城市更新行动，完善教育医疗、文化体育、便民市场、无障碍环境等各类服务配套，持续推动海绵城市、韧性城市建设，因地制宜推进综合管廊建设，打造"十五分钟生活圈"。

构建更加完善的社会保障和住房供应体系。促进社会保障制度常住人口全覆盖，实现社会保障公平普惠。推进多层次、多支柱养老保险体系建设，大力发展企业年金、职业年金、储蓄型养老保险和商业养老保险。构建社会帮扶救助体系和新时代慈善事业发展机制，建立低收入群体精准识别机制。健全和完善重特大疾病医疗保险和救助、公共就业服务和终身职业技能培训等制度。完善多层次、全覆盖、可持续的住房供应体系，完善人才住房租赁补贴、购房补贴、购买商品住宅等机制。

推进医疗教育高水平优质化。建立多层次医疗服务体系，积极推

进与国内外优势医疗资源合作，加大知名医疗机构引进力度，促进优质医疗资源扩容和均衡布局。发展"互联网＋医疗"等新兴医疗模式，推进健康信息平台和远程医疗平台建设。发展医养结合新模式，发展多层次、多样化医养健康产业。推进学前教育普及普惠发展，创新多元办园机制，推进义务教育优质均衡发展，加快学校标准化建设，推动普通高中优质特色发展，扩大学校办学自主权，深化课程教学改革。完善终身职业技能培训体系，探索中国特色学徒制。

（五）充分激发微观市场主体活力

纵深推进国企混改。加速竞争类国企混合所有制改革和非竞争类企业的竞争性业务板块混合所有制改革，推进国企经济布局优化和结构调整。完善参控股企业管理办法和运行规则、市场化经营机制，实行职业经理人制度。坚持市场化改革方向，完善以管资本为主的国有资产监管体制，推动做强做优做大国有资本和国有企业，充分释放国资国企活力。

大力发展民营经济。全面落实"春笋行动"方案，强化对民营企业融入经济发展大局的机会保障，健全民营经济高质量发展环境支持体系，落实民营和小微企业支持政策，加大对"专精特新"民营企业的扶持力度，培育一批具有核心竞争力的行业龙头企业。强化要素保障体系、成长激励体系，创造促进民营企业蓬勃发展、竞相发展的良好环境，依法平等保护民营企业产权和企业家权益，营造激励企业家干事创业的浓厚氛围。

着力提升政务服务和市场监管能力。持续深化"放管服"改革，创新"场景式"审批模式，为企业提供"专家＋管家"服务，提升政府服务智慧化便利化水平。落实各项惠企政策，有效降低企业要素成本、融资成本、税费成本、办事成本。创新市场监管和市场主体服务，健全领导干部走访服务企业和帮办服务制度。构建以信用为基础的新型智慧监管机制，强化信用监管和应用，推动政务诚信、商务诚信、社会诚信、个人诚信建设。

（六）拓展外向型全方位开放新格局

推进自贸区开放能级跃升。实施更加积极主动的开放战略，构建自贸试验区升级版，加快在天津滨海高新技术产业开发区、中新天津生态城等区域建设自贸试验区联动创新区，拓展全方位开放新格局。全面深化天津自贸试验区"首创性"制度创新，对标国际一流自由贸易港区和国际高标准经贸规则，争取大幅度放宽市场准入，积极推进投资、贸易、金融、人员、数据、运输等领域创新突破，推进全要素、全过程、全链条的贸易和投资自由化便利化制度体系建设。

探索创新多领域的对外开放制度。探索保税研发、保税检测、保税维修再制造、保税展示交易等制度创新，完善综合保税区开放功能。把数据自由高效有序流动作为自贸创新主攻方向，探索数据确权、评估、交易、跨境流动、网络安全等数字经济制度创新突破。深化金融开放创新，探索建立与服务贸易、离岸贸易和数字贸易配套的资金支付和转移制度。

增强资源要素配置能力。推动数据、技术、人才等创新要素便捷流动和高质量集聚，建设国内国际经济双向循环的重要资源要素配置枢纽。主动对接《区域全面经济伙伴关系协定》和《全面与进步跨太平洋伙伴关系协定》等国际规则，推进国际经贸合作。促进与日本、韩国海空港联动、资本和项目合作、优势产业深度融合，做强中欧班列、国际海铁联运、中转集拼功能，构筑联通日韩、东北亚地区与欧洲的国际海空物流大通道。拓展建立与美国、欧洲、中亚以及共建"一带一路"等国家和地区的经济合作，加速建设离岸创新创业基地，开拓国际市场，加快构建国际化合作生态圈。

深度融入全球产业链。把握全球产业链知识密集程度上升以及劳动密集程度下降的机遇，加大对战略性新兴产业和高新技术企业的招商力度，搭建多层次多领域合作平台，延伸对接优势产业链条，吸引更多世界和全国五百强企业落户。支持企业开展跨境业务、拓展海外直接投资。建设具有世界影响力的全球飞机租赁中心、船舶租赁中心，建设国际领先的出口租赁、离岸租赁中心，深度参与飞机资产全球资源配置，提升中国航空器制造业的产业活力和国际竞争力。

（天津社会科学院课题组：王双、李晓欣、陈滢、董微微、单晨、施美程）

新时代美丽"滨城"建设步履坚实

——天津滨海新区高质量发展纪实

倚靠京津冀，面朝渤海湾，眺望太平洋，天津滨海新区发展得天时地利。

习近平总书记在天津滨海新区考察时指出："要以滨海新区为龙头，积极调整优化产业结构，加快转变经济发展方式，推动产业集成集约集群发展。""天津要充分利用滨海新区平台，先行先试重大改革措施，努力为全国改革发展积累经验。"

2006年5月，滨海新区开发开放上升为国家发展战略；

2009年10月，国务院批复同意天津市调整部分行政区划，设立滨海新区；

2015年4月，中国（天津）自由贸易试验区在滨海新区天津港东疆片区正式挂牌运行；

2021 年 8 月，天津自贸试验区滨海高新区、中新生态城联动创新区成立；

…………

牢记习近平总书记嘱托，滨海新区 200 多万干部群众改革创新，锐意进取，新时代美丽"滨城"建设迈出坚实步伐，2270 平方公里的热土，铺展出高质量发展的生动画卷。

夯实高质量发展根基——

"让每个有创新梦想的人点燃梦想，让所有的创造活力充分迸发"

"浪向 15 度，流向 10 度！准备入水！"巨大的屏幕上"风高浪急"，中海油海上油气平台导管架安装全过程的模拟仿真现场，让人仿佛身临其境。

"传统的模拟依托我们自己的工作站，需要连续进行 7 天，在这里只要 4 小时。帮助完成这一转变的，是'天河'的超级算力。"海洋石油工程股份有限公司设计院首席工程师喻龙感慨。

喻龙所说的"天河"，就是国家超级计算天津中心"天河"系列超级计算机。从 2010 年"天河一号"部署完成，到如今"天河"新一代超级计算机成功研发，"天河"系列超级计算机经历了从"赶"到"超"的跨越式发展。

从千万亿次到亿亿次，再到现在的百亿亿次，"天河"的每秒算力在突破极限的同时，不断转化为现实生产力。

习近平总书记深刻指出，"自主创新是推动高质量发展、动能转换的迫切要求和重要支撑"。

高质量发展要靠创新，滨海新区的优势也是创新。紧紧依托创新驱动，加快形成以高端制造为主的新型支柱产业，滨海新区现代化产业体系日臻完善，高质量发展根基更为稳固。

2022 年，滨海新区规模以上工业企业总产值超 1.1 万亿元，智能科技、生物医药、新能源、新材料、装备制造、航空航天等产业优势凸显，成为稳定全市经济大盘的"压舱石"。

发力创新驱动，锻造国之重器。走进滨海新区现代产业展示交流中心，"胖五"火箭、超深水半潜式生产储卸油平台、水下滑翔机、矩形盾构机……一件件展品、一幅幅照片，生动展示新区的研发制造能力。

发力创新驱动，瞄准新兴产业。卫星柔性智造中心建成投用，飞腾腾珑 E2000 芯片实现量产，全自主双 100G 智能网卡芯片填补国内空白……滨海新区巩固提升优势产业，前瞻布局未来产业，加快构建以智能科技产业为引领的现代工业产业体系。

发力创新驱动，厚植发展沃土。"栽好'梧桐树'，引来'金凤凰'。我们优化创新平台，让科研人员心无旁骛搞创新。"滨海新区工业和信息化局局长李刚告诉记者。

如今的滨海新区，拥有国家高新技术企业累计超过 4600 家，国家级科技型中小企业 4400 多家，"雏鹰""瞪羚"和领军（培育）企业超 2500 家，创新主体"底盘"不断壮大。

今年初，滨海新区总投资 1208 亿元的 122 个重点项目集中开工。其中，先进制造业项目 49 个，总投资 649.3 亿元。到 2025 年，滨海新区将建起智能科技、信创产业、新能源、新材料、生物医药、海洋经济 6 个千亿级战略性新兴产业集群。

"我们将进一步加快新旧动能转换，优化创新生态，壮大创新主体，让每个有创新梦想的人点燃梦想，让所有的创造活力充分迸发。"滨海新区区长单泽峰说。

融入高质量发展大局——

"核心研发在北京，成果转化来滨海新区，协同发展有了新样板"

距北京中关村东南 170 公里的渤海湾畔，坐落着天津滨海—中关村科技园。

"落地滨海新区，有两个想不到。一是园区提供了特别合适的试飞场地，从办公楼出发只要七八分钟；二是房租减免、装修补贴，持续发展有了动力。"对科技园给予的政策支持，致导创新（天津）科技有限公司负责人李晓宇印象深刻。

2014 年，致导科技在北京中关村成立。2017 年初，李晓宇带领团队来到滨海新区，成为第一家从北京中关村到天津滨海—中关村科技园落地的科技企业，"我们要将全部精力投入到创新研发和生产中，推动无人机产业链高质量发展。"

"核心研发在北京，成果转化来滨海新区，协同发展有了新样板。"

一见记者，科芯（天津）生态农业科技有限公司副总经理李旭东就兴奋地说。

"在北京，我们实现了关键技术研发积淀，滨海新区则为技术落地提供了应用场景和成本优势。"李旭东介绍，借助天津滨海—中关村科技园平台，科芯将新一代信息技术与农业紧密结合，在全国投产了 10 余个智慧化农业种植生产基地。

京津冀协同发展，是习近平总书记亲自谋划、亲自部署、亲自推动的重大国家战略。

作为京津冀协同发展的战略合作功能区，滨海新区主动融入协同发展大局，用大担当拥抱大机遇。

优势互补，成长空间更大。

走进联想（天津）智慧创新服务产业园车间，19 套机械臂在智能制造系统的配合下熟练操作，平均 24 秒就下线一台台式机，还能满足小批量、多批次的复杂机型生产切换。滨海新区，已成为联想集团战略转型的重要基地。

联想只是缩影。近年来，滨海新区抢抓北京非首都功能疏解窗口期，持续提升载体功能，加强现代服务业、金融、社会事业等重点项目导入，着力打造标志性承接集聚区，协同打造自主创新的重要源头和原始创新的主要策源地。

深度融合，发展舞台更广。

天津港发挥枢纽港优势，与河北港口共建世界级现代化港口群，推动区域深度融入全球经济格局。天津国际生物医药联合研究院积极服务京津冀协同发展，构建起"专业化大平台＋众创空间＋孵化器"的创新创业综合平台，科技与经济深度融合，硕果累累。

协力同心，服务措施更好。

深化"跨省通办"，建立京津冀自贸试验区政务服务通办联动机制，共同推出 4 批 179 项"同事同标"事项。推进京津冀金融同城化，实现自由贸易账户（FT 账户）政策京冀企业共享……一项项举措、一次次合作背后，是看得见的实惠、摸得着的成效，是众多经营主体实实在在的获得感。

激发高质量发展活力——
"持续营造一流营商环境，在全面深化改革中利企便民"

近日，林德英利（天津）汽车部件有限公司进口的两个集装箱汽车零配件，顺利运抵天津港。采用天津海关推出的"船边直提"模式，货物从船上装卸到货车上，再到运至企业仓库，全程用时仅 2 个小时。

"只需办理一张单据，就可以完成从铁路运输到乘船出海，效率高了，成本低了。"在东疆保税港区中铁天津集装箱中心站的展板上，海铁联运路线辐射华北、西北、东北，天津中铁联合国际集装箱有限公司副总经理吴达逐一介绍。

"今年，新区将出台优化营商环境 6.0 版方案，形成创新引领、协同落实、优化提升三张清单，为企业发展提供有力支撑。"滨海新区政务服务办主任李长洪说。

进一步深化改革开放，是构建新发展格局、增强国内国际双循环动力和活力的内在要求，也是推动高质量发展的题中应有之义。

中国国家博物馆里，静静躺着 109 枚公章。2014 年 5 月 20 日，滨海新区组建全国首家行政审批局，率先实现"一枚印章管审批"。109 枚"卸任"公章，成为滨海新区深化改革、简政放权的生动见证。

"牢牢铆住改革开放这个'关键一招'，持续营造一流营商环境，在全面深化改革中利企便民。"李长洪表示。

改革红利不断释放，开放活力充分激发。

天津海特飞机工程有限公司，6 个维修机位排得满满当当，技术人员干得热火朝天。"往年这个时候，机库里经常是空空的，而今年几乎每个机位都没有闲下来过。"公司总经理陈健聪说，"海关推出'维修改装 + 租赁'业务监管模式，为综保区内租赁飞机的交易处置提供了更多选择。我们计划启动第三条'客改货'改装线，进一步扩大产业规模。"

作为服务共建"一带一路"的重要节点，滨海新区充分用好自贸区资源，推动更高水平的制度型开放。空客、丰田、三星等 100 多家外资世界 500 强企业投资设厂，成为经济发展的重要引擎。

目前，滨海新区全区外贸进出口总值占到全市 70% 以上。其中，自贸试验区用占全市 1% 的土地，贡献了天津全市四成的实际利用外资额、30% 的进出口额。

铸就高质量发展品质——
"锚定绿色，锁定低碳，在转型升级中融入新发展格局"

天津港第二集装箱公司码头，货箱林立。1000 多米码头岸线上，智能水平运输机器人穿梭不息；百米外的智控中心里，智能水平运输管理系统正通过"5G+北斗"导航控制机器人"大脑",完成装卸工作。

2021年10月,全球首个"智慧零碳"码头——天津港北疆港区C段智能化集装箱码头正式投产运营。

"我们牢记习近平总书记的嘱托,用三年时间改造天津港码头,装卸效率全国领先。"天津港集团党委书记、董事长褚斌说,"锚定绿色,锁定低碳,在转型升级中融入新发展格局,天津港将继续实干苦干,力争把所有码头打造成智慧绿色码头。"

"智慧零碳"码头北侧,巨型风机迎着海风转动。"这是我国港口首个'风光储一体化'智慧绿色能源项目,自发自用,余电上网。"国网天津滨海供电公司营销部港口岸电负责人贺瑞介绍,系统并网发电后,每年总发电量达到2330.2万千瓦时,节约标准煤约7340吨,减排二氧化碳约2万吨。

绿色,是美丽中国的底色,也是高质量发展的底色。今日滨海新区天蓝、地绿、水清,高质量发展底气足。

着眼智慧、节能,发展身姿愈发轻盈。

在车位停好车,机器人自动对接充电,电动汽车还能变身"充电宝"反向给电网送电,赚取峰谷电差价;造型颇具未来感的光伏座椅既是蓝牙音箱,又可以给手机无线充电……这种科幻片中的场景,实实在在发生在滨海新区。

2019年1月,习近平总书记在滨海新区考察期间,国家电网职工张黎明向总书记做了汇报演示。去年,张黎明和他的团队又研发出移动共享充电桩项目:"我们的初衷就想让同事干活儿更安全、更省劲,让百姓用电更方便、更安心。"

着力减污、扩绿，发展成色更加亮眼。

推进"871"重大生态工程建设，完成北大港湿地生态补水 9900 万立方米，实施"双城"间绿色生态屏障造林 300 亩、提升改造 201 亩……工信部近日公布 2022 年度绿色制造名单，来自滨海新区的 13 家企业上榜。去年，天津排放权交易所碳排放成交量 611 万吨，位列全国第三。

传递高质量发展温度——

"幼儿园学位充足，出门就是大花园。作为新滨城人，特别幸福"

绿树绕新居，人在花中行。家住中新天津生态城，正在散步的市民赵立元竖起大拇指："这里是产业新城，也是宜居家园！"

作为国家全域旅游示范区，生态城拥有国家海洋博物馆、航母主题公园。河、湖、湾、海交相辉映，蓝绿空间占比超过 50%，观海听涛、游湖赏绿，年游客接待量接近 1000 万人次。

去年底，一汽丰田第 1000 万辆汽车在滨海新区下线，在国内丰田合资企业中率先晋级千万阵营。创造这一纪录的，是坐落于中新天津生态城的一汽丰田新能源工厂。

"下一步，我们将加快推动中国电子智慧科技产业园、产融智能科技产业园等产业载体建设，强化产业服务设施配套，推进关键零部件配套企业落地和本地配套企业壮大，构建汽车全产业链生态圈。"生态城相关负责人告诉记者。

依托高质量发展的产业优势，朝着宜居宜业宜游宜乐的"四宜"城市不断迈进。高速聚集的港产城融合发展动能，惠及万户千家，成为民生福祉。

"刚来滨海新区时就想着挣了钱回老家买房，孝敬父母。现在呢，父母都跟着我来新区安居。"来自河北邢台的王攀，在滨海新区汽车制造配套行业工作，"幼儿园学位充足，出门就是大花园。作为新滨城人，特别幸福！"

昔日 1/3 盐碱荒地、1/3 废弃盐田、1/3 污染水面的不毛之地破茧重生。去年，中新天津生态城常住居民突破 12 万人。

家住南开区的郭佳在滨海新区工作，往返于市区和新区间，每天三个多小时行在路上。随着高铁滨海站投入使用，从天津站到滨海新区，通勤只要 30 多分钟。

除了"班车化"的京津城际高铁，滨海新区还拥有滨海西站、滨海北站和塘沽火车站。城市建设提速，绕城高速全线通车，轨道交通加快建设，"津城""滨城"沟通协作更加密切。

前不久，一块长 19.2 米，高 10.88 米，单面面积约 209 平方米的巨大 LED 屏幕，亮相于家堡滨河公园。不少市民慕名而来，在这个天津市首块 8K 超高清大屏前沉浸式欣赏节目。有产业、有生活、有人气的朝阳之城，在"滨城"核心区于响片区全新开启。

未来，约 6.1 平方公里的于响片区将打造"滨城"城市客厅、现代金融中心、新经济总部基地，力争到 2025 年，就业人口达到 10 万人以上。

"坚持港产城融合、组团发展、职住平衡、城乡一体，滨海新区将继续聚焦高质量发展，在全面建设天津社会主义现代化大都市中展现更大作为。"滨海新区区委书记连茂君表示。

风好正是扬帆时，奋楫逐浪天地宽。

更加紧密地团结在以习近平同志为核心的党中央周围，贯彻落实好党的二十大重大决策部署，全面贯彻新发展理念，加快构建新发展格局，天津滨海新区正踔厉奋发，勇毅前行，以实际行动谱写高质量发展新篇章。

（原载于 2023 年 4 月 18 日《人民日报》第 7 版，
记者 杜海涛、武少民、靳博、罗珊珊）

三

科教兴市
人才强市行动

党的二十大对教育、科技、人才进行统筹安排、一体部署，为提升国家创新体系的整体效能指明了方向和路径。提出"必须坚持科技是第一生产力、人才是第一资源、创新是第一动力，深入实施科教兴国战略、人才强国战略、创新驱动发展战略，开辟发展新领域新赛道，不断塑造发展新动能新优势"。

　　天津具备良好的科研、产业和人才基础。实施科教兴市人才强市行动，就是要坚持面向世界科技前沿、面向经济主战场、面向国家重大需求、面向人民生命健康，坚持教育发展、科技创新、人才培养一体推进，坚持原始创新、集成创新、开放创新一体设计，坚持创新链、产业链、人才链一体部署，切实把天津教育、科技、人才优势转化为产业优势和现实生产力。

创新驱动强科教　近悦远来汇英才
——"科教兴市人才强市行动"调研

党的二十大报告指出，"教育、科技、人才是全面建设社会主义现代化国家的基础性、战略性支撑。必须坚持科技是第一生产力、人才是第一资源、创新是第一动力，深入实施科教兴国战略、人才强国战略、创新驱动发展战略，开辟发展新领域新赛道，不断塑造发展新动能新优势"。组织实施科教兴市人才强市行动，是天津将教育、科技、人才"三位一体"协同发展顶层设计具体化为行动的重要安排。

一、创新发展是新时代新征程赋予科教兴市人才强市行动的内在逻辑

科学认识教育、科技、人才三者之间的深刻关系，既要全面把握宏观系统的一体联系，又要切实兼顾微观要素的自主发展。宏观系统

的一体联系，即把三者置于社会主义现代化国家建设全局予以审视，并统一于创新发展。通过创新促进教育、科技、人才三者相互支撑、有机联动，进而协同发挥一体作用，对于全面建设社会主义现代化国家具有基础性、战略性支撑作用。微观要素的自主发展，即深刻把握教育、科技、人才各领域的规律，充分激发其特殊作用。教育作为培养人的社会活动，在科技及人才事业发展中发挥着基础性作用，教育创新为科技创新提供拔尖创新人才；科技作为知识生产的社会活动，在反哺教育活动和人才事业中具有牵引性作用，科技创新需要创新人才实现新突破，也为教育创新构筑新的知识和技术平台；人才作为集聚创造能力的社会群体，在教育活动和科技事业进步中发挥着主体性作用，创新人才是促进科技创新和教育创新的第一资源。教育、科技、人才三者既统一于创新，又在"三位一体"互动中发挥着独特作用。

　　教育、科技、人才"三位一体"战略部署，为天津整体推进科教兴市人才强市行动提供了重要遵循。科教兴市人才强市行动是在新时代新征程的"大场景"下，深入分析天津教育科技人才比较优势，充分运用政策牵引、改革创新、科技赋能等多元化方式，巩固优势、优化资源、提质增效，推动天津教育科技人才核心优势转化为全面建设社会主义现代化大都市的发展优势。实施科教兴市人才强市行动，要科学认识教育、科技、人才之间的深刻关系，全面把握三者宏观上一体联系和微观上自主发展的内在逻辑，紧紧抓住创新发展这个关键枢纽，提升天津教育创新、科技创新、人才创新的集聚度、活跃度、开放度、辐射度和贡献度，推动天津成为高水平创新型城市，进一步开辟全面建设社会主义现代化大都市新局面。

二、科教兴市人才强市行动取得进展

天津是成就梦想之地，科学的科技创新政策、优质的教育改革资源、良好的人才汇聚平台，提升了天津科技创新能级，完善了现代教育体系，吸引了各方人才纷至沓来。科教兴市人才强市行动实施以来，天津在提升科技创新水平、拔尖创新人才培养、创新人才引聚中取得了一系列重要进展，聚集起引领经济社会高质量发展的强劲动能。

（一）富集科创要素，强化科技创新"硬核"支撑

面向世界科技前沿，发挥原始创新策源作用。一是聚焦国家长远发展、影响产业安全、参与全球竞争的核心技术领域，实现原始创新突破，强化科技创新自立自强。天津持续推进重大科技项目攻关，实施一批科技创新重大专项和应急专项，涌现出高性能分子光电材料与器件、活体细胞精准操作机器人技术及系统、激光陀螺惯性制导系统关键技术与工程应用等重大科技成果。合成生物技术创新中心在国际上首次实现实验室条件下二氧化碳人工生物合成淀粉，实现"0到1原创性突破"；区块链技创中心的"海河智链"区块链系统，实现完全自主可控且实时开源；等等。二是对接产业发展，集中力量强化产业关键技术攻关。当前，天津正在编制12条重点产业链关键技术动态清单，在工控国产CPU、操作系统研发适配、集成电路装备、海洋能源综合利用装备、大宗化学品生物制造、公共卫生科技创新、中医药大品种、碳达峰碳中和、种业振兴等领域前瞻性研发部署，组织实

施项目超 70 项。三是坚持企业创新主体地位，以机器人为代表的重点企业发展势头迅猛。全市国家高新技术企业和国家科技型中小企业均突破 10000 家；雏鹰、瞪羚、科技领军（培育）企业分别超 5600 家、440 家和 300 家；重点产业链上高新技术企业比重达 45.1%，营业收入超 1.37 万亿元，占规模以上工业企业营收比重超 56%。截至 2023 年 3 月，全市汇聚机器人相关高新技术企业近 200 家，整体产业规模近 180 亿元；承担国家重点研发计划项目近 10 项，拥有相关专利近 5000 件。

面向经济主战场，科技创新平台效用明显。一是持续建设高能级国家科创平台。依托高水平研究型大学、国家科研机构、科技领军企业，持续推动 151 家国家级创新平台能级提升，如天津超算中心囊括了 2022 年 Graph500 四大榜单全部第一名，累计服务国家重大项目 4000 余项。二是高标准建设大学科技园。截至目前，天津认定市级大学科技园 12 家、孵化企业 462 家，实现收入 3 亿元，带动就业 3300 余人。2023 年 4 月，《天开高教科创园建设规划方案》正式公布，构建出"一核两翼"、辐射全市的总体空间发展布局。预测到 2035 年，核心区空间载体面积将超过 200 万平方米，拓展区投入产业用地超过 20 平方千米，培育形成 3 至 5 个引领全国的产业新赛道，年产值达到 2000 亿元。三是持续推进重点实验室建设。2023 年，天津全力推进 6 家海河实验室建设，整合力量重组建设 12 家全国重点实验室，筹建 30 家市级重点实验室，加快构建定位清晰、布局合理、运行高效、支撑有力的实验室体系。四是产业技术研究院建设成效明显。截至 2023

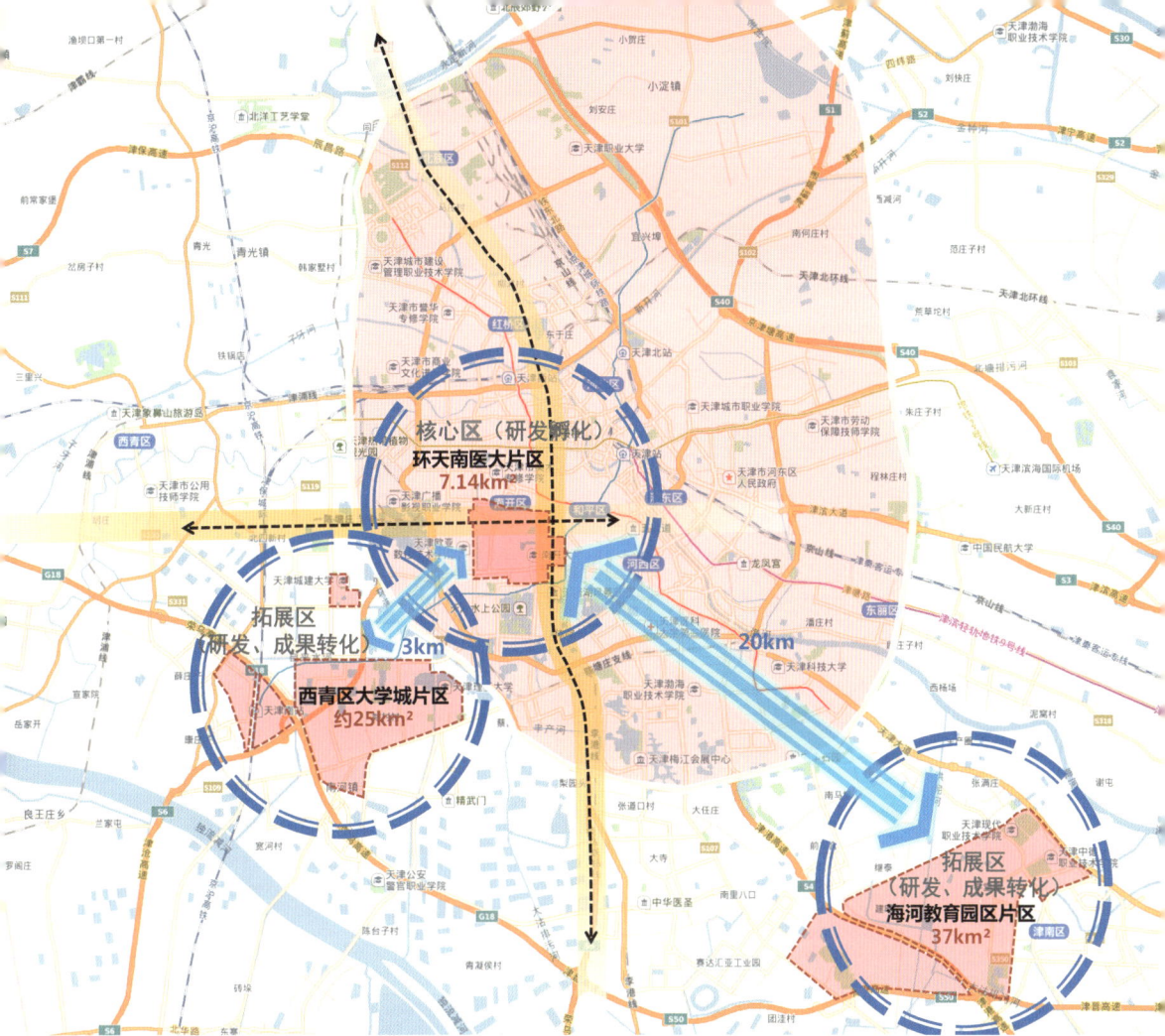

天开高教科创园空间发展格局规划图

年 3 月，全市产业技术研究院 24 家，职工总数 1700 余人。其中，研发人员超 1200 人，占比 70% 以上；入驻创新人才团队近 100 个；研发投入超 3.5 亿元，占总收入比重达 55%；知识产权总量 1300 余项，其中发明专利超 400 项；累计开发新技术成果超 1200 项，对外开展技术开发、转让等服务 3600 余项；衍生孵化企业 880 余家，有效促进企业"裂变"式发展；各产业技术研究院和衍生孵化企业合计收入总额超 68 亿元。

持续实施创新驱动发展，科技创新影响力显著。一是综合科技创新水平位居前列。2022 年，天津全社会研发投入强度达 3.66%，稳居全国第三；综合科技创新水平指数达 83.5%，升至全国第三；获批国家自然科学基金项目 1278 项，获得国家财政支持 7.6 亿元；围绕国家战略需求积极开展关键核心技术开发，承担国家级项目 120 项，投入经费 4.17 亿元，获专利授权 352 项，参与制定国家标准 13 项；技术合同交易额突破 1600 亿元，占 GDP 比重居全国第二。二是强势打造科技创新城市，科技创新影响力显著提升。《全球科技创新中心发展指数 2022》显示，中国的全球科技创新中心集中分布在京津冀、长三角和粤港澳大湾区，在中国进入全球前 100 名的 20 个城市中，天津排名第 66 位。全球顶级期刊《自然》的增刊《2022 自然指数——科研城市》发布了全球科研城市排名情况，天津排名全球第 20 位，这是天津首次进入全球前 20，科技创新影响力显著提升。

（二）聚焦"高精尖缺"，拔尖创新人才多元培养

"双一流"建设扎实推进，学科建设成效明显。"双一流"高校是培养拔尖创新人才的主阵地。天津积极推动"双一流"建设，改革创新人才培养模式，提高拔尖创新人才培养质量。《第二轮"双一流"建设高校及建设学科名单》显示，当前天津"双一流"建设高校及建设学科涵盖南开大学（应用经济学、世界史、数学、化学、统计学、

材料科学与工程）、天津大学（化学、材料科学与工程、动力工程及工程热物理、化学工程与技术、管理科学与工程）、天津工业大学（纺织科学与工程）、天津医科大学（临床医学）、天津中医药大学（中药学）5所高校的14个学科，"双一流"高校数量位居全国第7位。天津扎实推进一流专业"双万计划"，2022年新增87个国家级一流本科专业建设点和136个市级一流本科专业建设点。2023年4月，教育部公布的第二批国家级一流本科课程认定结果显示，天津17所高校共145门课程入选。

建设跨学科融学科交叉学科高端平台，推动高校成为科技创新的策源地、创新人才培养的供给库。2022年，南开大学相继成立数字经济交叉科学中心、智能传感交叉科学中心、泛终端芯片交叉科学中心、数学交叉科学中心四个科学中心；天津大学学科交叉中心揭牌成立，医工融合助力复合型拔尖创新人才培养；天津大学智能与计算学部入选首批特色化示范性软件学院；天津师范大学儿童发展虚拟教研室、天津医科大学医学影像技术专业虚拟教研室、天津工业大学北部地区高校纺织工程专业虚拟教研室、天津理工大学机械电子工程专业虚拟教研室、天津职业技术师范大学职业教育学课程虚拟教研室入选国家级虚拟教研室建设试点；等等。

扎实开展拔尖创新人才早期发现与培养项目，强化拔尖创新人才后备力量。一是设立拔尖创新人才培养实验班，如天津第一中学理科创新型人才培养项目实验班、南开中学拔尖创新型人才培养实验班、实验中学科技创新实验班等。二是深入推进"青少年科创计划"，每年选拔 100 名具有学科特长、创新潜质的优秀中学生，参加高校科学研究、学术研讨和科研实践；深入对接高校"强基计划"，实施拔尖创新人才学科基地建设工程，依托品牌高中优势学科和普通高中学科特色课程基地，重点加强数学、物理、化学、生命科学等拔尖创新人才学科基地建设。三是扎实开展"中学生科技创新后备人才培养计划"（简称"英才计划"），即通过基础学科较强的重点高校、科研机构开发开放优质科技教育资源，建立高校、科研机构与中学联合发现并培养具有科学潜质的青少年科技创新后备人才的机制。天津作为"英才计划"实施城市之一，2023 年 2 月，62 名中学生成功入选，并向来自我市高校的 18 位科学家拜师，使学生实质参与数学、物理、化学、生物、计算机 5 个学科的科学研究，体验科研过程，激发科学兴趣，提高创新能力。

（三）汇聚全球英才，提升人才荟萃"弹性"吸引

海河英才品牌全面唱响，人才强市建设加快推进。一是实施"海河英才"行动计划升级版，加大人才"引、用、聚、留"力度，全力打造最优人才生态，真正实现人才"近悦远来"。截至 2022 年 12 月，"海河英才"行动计划累计引进人才 44.5 万人，平均年龄 32 岁，战略性新兴产业人才占比 26%；十大产业人才创新创业联盟辐射高校院所 80 家，聘请院士专家 75 位，凝聚 2000 余家头部企业，汇集工程师 3.5 万名；设立博士后工作平台 495 个，累计招收博士后 6500 余人，出站博士后留津工作比例超 60%；引进外籍"高精尖缺"人才 5000 人。"中国城市人才吸引力排行榜"显示，天津连续 2 年位居"硕士及以

上"人才流入城市第 8 名。二是开展"海河英才"高校人才项目对接活动，促进供需双方精准对接。截至 2023 年 3 月，"海河英才"高校人才项目对接活动已经在天津大学、山东大学、哈尔滨工业大学、太原理工大学、西安交通大学 5 所"双一流"高校举办，服务用人单位 500 余家，对接岗位需求 5000 余个。三是多形式吸引海外创新人才，搭建海外人才创新创业平台。2023 年 1 月，举办海外赤子回国创业金融服务对接活动，成功引进一批海外高端人才和项目来津发展；2023 年 2 月，打造大健康领域海外人才聚集地和开放合作示范区，筹建"天津市留学人员创业园"。

绘制高层次人才需求图谱，发布高层次人才培训计划。一是广泛征集"高精尖缺"人才需求，重点征集 12 条重点产业链企业、十大产业人才创新创业联盟成员单位、战略性新兴产业领军企业等用人单位需求，编制形成《天津市高层次和紧缺人才需求目录》。二是发布 2023 年高层次人才培养培训计划。培养培训计划以更新前沿科技知识、提高创新能力为重点，安排 6 个方面 24 项活动，预计培训高层次人才 1000 名，包括天开高教科创园、重点产业链、人才联盟领军企业、"链主"企业、海河实验室的高层次创新人才，重点人才项目团队带头人，博士后等青年科技人才等。

瞄准技术变革和产业优化升级方向，聚焦先进制造研发基地定位和现代工业产业体系发展，培养技术技能型创新人才。一是不断强化技术技能型创新人才队伍建设政策支持。出台"海河工匠"建设工程、职业技能提升行动、天津技工教育发展"十四五"规划等一系列政策措施。2023 年 2 月 1 日施行的《天津市职业技能培训规定》，是全国首部职业技能培训领域省级政府规章。二是立足企业需求，"滴灌"式精准职业技能培训取得丰硕成果。数据显示，近 3 年全市累计开展补贴性职业技能培训 103 万人次。截至目前，全市遴选认定 475 家企业培训中心、18 家企业公共实训基地，建成 1 个国家级职业技能公共实训中心、5 个世界技能大赛中国集训基地、18 个国家级高技能人才培训基地、30 个国家级技能大师工作室、45 个市级高技能人才培训基地、77 个市级技能大师工作室。三是技能人才队伍蓬勃发展，技术创新动能更加强劲，技术技能型创新人才的获得感幸福感提升。截至目前，全市技能人才达 271 万人，其中高技能人才 83 万人，占技能人才比例达 30%；"中华技能大奖"获得者 7 人、"全国技术能手"221人、"海河工匠"30 人、"天津市技术能手"507 人；67 名技术技能型创新人才享受国务院政府特殊津贴。

三、科技教育人才发展中的难题

（一）供需错位：科技创新链条存在薄弱环节

整体而言，科技创新链条可以分为供给链和需求链。从供给链看，天津基础研究和原始创新能力尚显不足，关键核心技术短板还比较明显，满足市场需求、适合转化的高质量成果源头供给不足。从需求链看，科技成果转化率有待提高，以企业和高校为主导的产学研用深度融合体还较为薄弱。

（二）机制薄弱：拔尖创新人才培养亟需加强

天津高度重视拔尖创新人才的重要作用，采取针对性措施提升拔尖创新人才培养数量和质量。但在选拔分流、贯通培养、周期评价等拔尖创新人才培养机制方面，还需要不断探索创新，基础学科拔尖创新人才自主培养能力还有待进一步提升。

（三）供给不足：创新人才引用聚留问题突显

天津各项人才政策效果明显，但人才供给仍不能满足经济社会发展需要，尤其是海外创新人才引聚问题需要重点关注。近 3 年，天津常住人口数量呈下降趋势，从 2020 年的 1386.8 万人到 2021 年的 1373 万人，再到 2022 年的 1363 万人，人才流失问题凸显。尤其是创新人才供给不能满足重点产业发展需求，如先进制造业是天津支柱产业，其技术技能型创新人才的缺口正在逐渐扩大，复合型与科技研发型的创新人才更是匮乏，尤其是智能装备制造领域的创新人才稀缺度很高。调研发现，存在人才引进与落户捆绑问题，一些创新人才因不愿落户、不便落户而最终选择到其他城市发展。与此同时，海外创新人才比较匮乏，如何让更多的海外留学生、外籍人才来到天津、留在天津，也是人才发展面临的重要问题。

四、高质量实施科教兴市人才强市行动的建议

高质量实施科教兴市人才强市行动，需要聚焦创新发展，实施以科技、教育、人才为重点的集中发力和一体推进。

（一）完善科技创新体系，实现科技创新能力和科技成果转化率"双提升"

破立并举，完善科技创新体制机制。天津进入高水平创新型城市建设的关键期，迫切需要破除体制机制壁垒，完善科技创新体制机制。一是完善科技创新激励机制。激发科技创新主体活力，鼓励被授予专利权的单位实行产权激励，探索赋予科学技术人员职务科技成果所有权或者长期使用权制度。二是创新探索科技成果转化机制。深入探索"先中试、后孵化"模式，着力提升重大原创成果的"概念验证—中试熟化—企业孵化"综合能力。加强科技成果转化中试基地建设，支

国家大型地震工程模拟研究设施建设现场

持现有中试研发机构升级改造，建立跨高校、跨科研院所的市级新型中试研发平台，平台采用市场化运营模式，中试资金形成的知识产权由产品经理、研发工程师与平台共享。三是试点建立职务科技成果非资产化管理机制。试点开展职务科技成果退出或部分退出国有资产管理清单，成果作价入股按市场规则办理，降低技术要素进入市场的交易成本，提高成果转化效率。四是设置专业化技术转移机构。鼓励全市"双一流"高校设置技术转移研究院，作为学校对外科技合作、技术转移业务管理机构独立运行，负责学校职务科技成果权属改革，知识产权申请、维护、运营与转化。五是推进体制机制贯通融合。深化科教人才体制机制改革，实施人才项目举荐制度，下放职称评审权，支持优秀干部、人才到产业园区和高校院所双向挂职交流，建立科技成果分类评价体系，完善科技奖励激励机制，深化科研经费管理改革，实施高校分类管理、教师分类评价，专项考核高校服务产业成效，提升科技、教育、人才创新能级和动力。

加强基础研究，夯实科技自立自强根基。强化基础研究前瞻性、战略性、系统性布局，大力提升原始创新能力，从源头和底层解决关键技术"卡脖子"问题。一是加速建设重大科技基础设施体系，为基础研究和关键技术攻关提供强力支撑。围绕重大科技基础设施的建设和运行，做好装置升级和实验新方法、实验新技术的创新，提高装置本身的运行服务能力；加强高水平国际合作，在基础设施遴选、评估、建设上有更多的国际互动。二是给予基础研究长期稳定的支持。在基础研究经费、实验室建设、研究人员薪酬绩效待遇等方面加大投入，持续优化基础研究投入结构；围绕数学、物理、化学等基础性学科，实行基础研究扶持资金稳定增长机制；增加对基础试验的投入，提升基础研究对应用研究的支撑作用；拓宽基础研究投入渠道，鼓励社会力量通过设立科学基金、科学捐赠等多元方式投入基础研究；针对基础学科自身的特殊性，在拨发经费、日常管理、评判考核等方面探索形成与应用学科不一样的支持模式。

聚焦科创园区，大幅提升科技创新能级。增强科创园区创新策源能力，突出功能性服务性，高标准建设天开高教科创园，全力打造国家自主创新示范区"升级版"。其中，天开高教科创园要通过设立创业种子基金、"一站式"政务服务窗口，大量引入科技中介服务机构，举办高端论坛、融资路演活动，组建实验室创新发展联盟等措施，形成一套完善的创新创业孵化服务支撑体系。全市高校要把天开高教科创园作为科技创新和人才培养的试验田，探索"学科＋人才＋产业"创新发展模式，组织高校优化资源配置，开放科研设施，校企协同攻关、联合培养，鼓励高校科研人员在园区孵化科技型企业，高校产出的重大科研成果优先在园区转化，实现大学与城市相互滋养、相互赋能，促进全市科技创新能级提升。

开放包容，营造科技创新优良环境。良好的创新氛围影响着一个城市的创造活力，对孕育和促进创新成果产生与转化具有关键作用。一是全面营造包容、宽松、协同的科技创新环境。在全市形成鼓励创新、崇尚创新、参与创新、服务创新的氛围，形成尊重知识、尊重人才的环境，尤其是对企业，要允许创新失误、宽容创新失败。二是提升科技创新综合服务能力。运用各类政策工具和平台资源，开展多种形式的科技创新主体服务，推进"人才引聚—成果转化—创业孵化—企业培育—科技金融"全链条科技创新服务体系建设。三是筑牢法治保障。加强科技创新成果的知识产权保护，完善科技创新成果转化的政策法规和激励制度，建设公平、开放、透明的市场环境，保障科技创新成果转化效益。

（二）探索拔尖创新人才培养新机制新路径，全面提升拔尖创新人才自主培养能力

尽快完善基础学科拔尖创新人才早期发现机制。坚持走基础研究人才自主培养之路，优化基础学科教育体系，持续培养大批基础研究后备力量。一是持续深度开展拔尖创新人才早期发现与培养项目。对接"基础学科拔尖学生培养计划""强基计划"，持续深入推进"英才计划""青少年科创计划"，探索更多拔尖创新人才早期发现与培养项目。二是强化人才选拔功能。试点改革"一刀切"的小升初、初升高制度，加强中高考命题研究，允许部分试点学校以科学的方式选拔高潜能学生；试点设立培育基础学科拔尖创新人才的专门学校，或者在优质学校中适当设立专门班级，实施更具针对性的培养。

加快构建高质量的拔尖创新人才贯通培养体系。一是打通基础教育和高等教育壁垒，加快构建小学、初中、高中、大学及科研院所贯通式培养体系，推动形成拔尖创新人才培养共同体，在培养目标、课程设置、培养模式、人才选拔、招考制度等方面科学衔接。二是推进

本硕博一体化设计和贯通培养。把高校作为科技第一生产力、人才第一资源和创新第一动力的重要结合点，立足国家战略需求和产业发展需要，建设拔尖创新人才培养高地，推进"双一流"建设、打造高水平特色大学、培育壮大基础学科新兴学科和交叉学科，夯实支撑科技创新的学科专业基础。通过书院制、导师制、学分制改革，推进小班化、个性化教学，让具有发展潜力的拔尖学生成长成才。建立本科生纵向跨层次选课制度，鼓励本科生选修研究生课程；鼓励本科生参与科研活动，将研究生培养中的"师徒制"培养模式延伸到本科教育阶段，推进学术型高端人才培养阶段前移；提高"直博生""硕博连读生"比例，完善博士研究生招生"申请—考核"制。三是打通学科壁垒，实现跨学科融学科交叉学科贯通培养。以"新工科、新医科、新农科、新文科"建设为契机，促进自然学科与人文社会学科、基础学科与应用学科的交叉融合，积极探索跨学院、跨学科、跨专业人才培养模式，打造一批跨院系、跨学科、跨学段、跨层次、跨知识领域的复合型精品课程，培养复合型拔尖创新人才。

（三）创新"引、用、聚、留"人才政策，全力打造创新人才引聚新高地

更加开放地实施人才政策。更加开放地实施"引、用、聚、留"人才政策，对"高精尖缺"人才多一些"量身定做"，少一些"一视同仁"，让创新人才"近悦远来"。一是不断升级"海河英才"行动计划，创新高端紧缺人才引进方式，聚焦重点产业链和战略性新兴产

业发展需要，动态编制发布高端紧缺人才引进计划，对人才发展实施轨迹化管理，精准引才聚才留才。二是实施"智汇津门"计划，引育领军人才和创新团队，实施领军人才引进和杰出人才培养两个专项，创建顶尖科学家工作室，打造国家战略科技支撑力量"天津队"；延揽储备青年人才，实施青年人才引进专项、青年科技人才培养专项、博士后支持项目，让青年科技人才挑大梁、当主角。三是探索建立居住证积分制度，剥离人才引进与落户捆绑问题。制定《天津市居住证积分管理办法》，通过设置积分指标体系，对在全市合法稳定居住和合法稳定就业的《天津市居住证》持有人进行积分，将其个人情况和实际贡献转化为相应的分值，积分达到标准分值的，可以享受相应的公共服务待遇。四是赋能用人单位，研究制定专项政策举措。鼓励用人单位与"双一流"高校合作，发挥"以才引才"作用，靶向引进高层次人才及团队；充分赋予用人单位"引、用、聚、留"自主权，建立充分体现知识、技术等创新要素价值的收益分配机制，提升政策精准度、实用性。

更大力度地实现体制机制创新。一是持续深化人才发展体制机制改革，探索推进基于市场化运行机制的新型科研机构建设。新型科研机构实施不定编制、不定级别、社会化用人制度，领导者面向全球招聘、实行任期制。二是完善人才服务保障体系，建立"海河英才一卡通""海河英才之家"制度，解决好住房、就医、交通出行、配偶安置、子女教育等实际问题，提供市场化、专业化、链条式、便捷式的人才服务。

实施更多措施吸引海外创新人才。一是加快制定全球人力资源战略，抢抓海外创新人才回流机遇。对于海外华人及国外青年实施"弹性管理"，出台更加宽松的普惠制来津学习、工作、居留政策；根据海外创新人才的特征和类别，给予差异化的精准支持，对于人工智能、生命健康、航天科技等重点发展领域，大幅度降低与其相关的海外华人及外籍青年来津学习工作的门槛，形成高中低搭配的人才雁阵；对于外籍青年，做好汉语培训等工作，尝试在更多基层医院设立外籍人员就医服务中心，解决其实际生活问题，帮助其快速融入天津生活。二是搭建人才引进创新创业平台。高水平建设一批外国专家工作室，建设一批引才引智示范基地，与海外高校院所共建联合实验室；加快布局建设"海归小镇"等重点海外人才创新创业平台，建立天津海外人才创新创业联盟，举办天津海外人才创新创业大会；高标准建设"天津市留学人员创业园"，完善《协和留学人员创业园管理办法》《协和留学人员创业园重点项目支持办法》等针对园区引进留学人员的特色支持政策，着力吸引一批具有原创性、引领性的人才项目到津发展。不断构建更加完善、更加优质的"引、用、聚、留"全链条人才发展生态，厚植人才成长沃土，真正实现"全球才天津用"。

（天津市教育科学研究院课题组：李剑萍、王岚、张妍）

天津打造科技创新高地"天开园"

近日，天津攸信智能科技有限公司正式成立，落户天开高教科创园（简称"天开园"）。这家以三维感知、物联网和人工智能建模为核心技术，研究定制化机器人与自动导航系统研发与应用的企业，成为天开园首家注册企业……近期，天津举全市之力打造科技创新高地天开高教科创园，并出台《天津市关于支持天开高教科创园高质量发展的若干政策措施》，围绕成果转化、创新创业、校友经济等10个方面，形成特色鲜明的扶持政策体系。

据介绍，"天开园"的核心定位是"科技创新策源地""科研成果孵化器""科技服务资源集聚区"，依托56所在津高等院校，面向创新创业师生和科研工作者，探索"学科＋人才＋产业"的创新发展模式，力图建立高校与产业园区"握手"通道，推进创新链、资金链、人才链深度融合，培育更多具有核心竞争力的创新型企业。

按照规划，"天开园"空间发展布局为"一核两翼"，"一核"指南开区环天津大学、南开大学、天津医科大学片区的 7.14 平方公里区域，"两翼"是指西青区大学城片区和津南区海河教育园片区约 62 平方公里区域。

天津大学合作办主任王寒介绍，"天开园"将打造以关键核心技术突破、科技成果转化为重点，创新链与产业链深度融合的科技创新策源地。"目前，天大已经遴选出首批 27 个优质项目进驻天开园，其中包括校内师生项目 25 个、天大校友项目 2 个。"王寒说。

天津市科技局局长朱玉兵表示，"天开园"政策体系的设计，突出对创业群体的支持。此次 34 条措施的出台借鉴了国内外一流科创园区经验，立足天津市实际，聚焦成果转化、科技金融、创业孵化 3 类创新服务，重点面向高校学生、大学老师、高校校友 3 类创新主体，构建政府引导、共建共享、市场化运营 3 种机制，力求用最优的创新创业服务和政策吸引项目落户园区。

"天开园"还设立了创业种子基金，给予初创企业 50 万元至 300 万元的天使投资支持；设立高成长初创科技型企业专项投资，可给予最高 1000 万元的直接投资。

天津市教委主任荆洪阳表示，天津市教委将优化高校资源配置，开放科研设施，提升创新能力，支持高校在"天开园"组建专业工作室，引进优秀企业家担任双创导师，打造大学生创新创业的"梦工厂"。鼓励高校与园区企业共建科研团队，健全科研成果分类评价体系，"将论文写在津沽大地上，解决产业一线真问题，做真学问"。

（原载于 2023 年 4 月 26 日《人民日报》（海外版）第 10 版，
记者 武少民）

四

港产城
融合发展行动

推动港产城融合发展，做大做强港口是基础，高质量发展港口经济是关键，厚植港口城市文化环境是支撑。2019 年 1 月 17 日，习近平总书记在视察天津港时强调，要志在万里，努力打造世界一流的智慧港口、绿色港口，更好服务京津冀协同发展和共建"一带一路"。

以港聚产，以产引人，以人兴城。实施港产城融合发展行动，就是要树立"大港口、大开放、大循环"理念，强化港产城整体布局，推动港口、产业、城市深度融合、相互支撑，实现港产城相互赋能、共同发展。用好港口优势，统筹滨海新区、中心城区和天津港资源，推动港口经济上规模、上水平、上档次，为天津发展注入更多新动力。

推进港产城深度融合
——"港产城融合发展行动"调研

2019 年 1 月 17 日，习近平总书记在视察天津港时指出，经济要发展，国家要强大，交通特别是海运首先要强起来。要志在万里，努力打造世界一流的智慧港口、绿色港口，更好服务京津冀协同发展和共建"一带一路"。在 2020 年新春贺词中，习近平总书记提到"天津港蓬勃兴盛"。习近平总书记对天津港的殷切希望令人倍感振奋。天津认真贯彻习近平总书记重要指示精神，在港口建设和服务国家战略方面取得一系列成就。天津港全球首个技术自主可控的"智慧零碳"码头、全球首个港口自动驾驶示范区、无人驾驶集装箱卡车等一系列创新令人瞩目，焕发出新的生机活力。天津港已成为拥有集装箱航线 140 条，同世界上 180 多个国家和地区的 500 多个港口保持贸易往来的世界级大港。辐射京津冀及中西部地区的 14 个省、区、市，70% 左右的货物吞吐量和 50% 以上的口岸进出口货值来自天津以外。

一、立足新发展格局，引领港产城融合发展

实施港产城融合发展行动，推动物流通道升级为发展通道、通道经济升级为港口经济，构建港口、产业、城市深度融合、相互支撑、整体发展的港口城市发展新格局，是深刻把握新发展格局下天津实现高质量发展的迫切需求，主动谋划、创新应变，是推动天津港口资源优势转化为高质量发展胜势的关键之举。

（一）天津发展面临时代之变

当前全球政治经济格局加速演变，我国正在推进一系列系统性、深层次变革，发展机遇与挑战并存，时代给天津这座港口城市提出了新的发展"问卷"。

一是全球供应链格局之变。受逆全球化和保护主义抬头、国际经贸规则重构、发达国家产业链回迁、新一轮科技革命急速推进等多重因素影响，全球供应链向多元化、本土化、数字化等方向加速调整和重塑。作为国内外贸易和物流的重要节点，天津急需危中寻机，抢抓全球供应链新变局下的发展机遇，提升枢纽功能，拓展贸易规模，优化贸易质量，开启航运中心建设与港口经济发展新局。

二是城市产业转型升级之变。从要素驱动迈向创新驱动的发展成效有待进一步巩固，产业结构调整仍然任重道远，港口经济服务高质量发展的作用还需要进一步强化。依托港口这一战略资源和"硬核"

优势，释放港口经济转型升级潜力，促进城市产业结构调整，带动城市产业高水平开放、高能级聚集，是天津实现高质量发展的关键。

三是建设社会主义现代化大都市发展要求之变。习近平总书记指出，经济要发展，国家要强大，交通特别是海运首先要强起来。综观世界城市发展历程，全球前 40 个发达城市中有 80% 以上为港口城市，普遍遵循以港聚产、以产兴城、以城促港，进而实现融合发展的路径。建设高质量发展、高水平改革开放、高效能治理、高品质生活的社会主义现代化大都市，需要港口发挥更大作用，需要建设国际航运中心和繁荣港口经济提供强力支撑。

港城融合 双向赋能

（二）港产城融合描绘高质量发展新方案

港产城融合发展行动全面贯彻"大港口、大开放、大循环"理念，针对制约港产城深度融合的瓶颈堵点，精准施策、全局推动，着力形成港口带物流、物流带经贸、经贸带产业联动发展机制，充分体现了问题导向、目标导向和系统观念，形成了高质高效联动发展新方案，是对港口与城市发展关系的重大调整，体现了一系列新思路、新亮点、新举措。

一是通过加力推动港口功能拓展，实现港口核心枢纽功能固本强基。天津按照习近平总书记重要要求，全力打造世界一流智慧港口、绿色港口，加快建设北方国际航运核心区，主动融入世界级港口群建设。通过不断提升通航效率、通关便利化水平和监管服务效能，完善港口集疏运体系，织密航线物流网络等重要举措，提升港口枢纽地位。

二是通过加力推动港区联动协同，夯实港口产业创新发展、联动发展坚实底座。天津从城市整体产业布局的高度出发，明确了临港地区、中心城区各自港口经济集聚发展的新规划、新定位，提出构建港口全要素产业链、加快发展临港产业、打造航运服务聚集区等重大举措，对"津城""滨城"和天津港资源形成了有力统筹。

三是通过加力推动城市发展升级，强化城市服务功能，支撑港口经济能级跃升。城市是港口经济发展的重要载体和资源支撑，需要港产城功能的有机融合、相互赋能、良性互动。天津明确提出大幅度提高城市服务港口经济发展的承载能力，形成业态丰富、产业适配、要素集聚的港产城格局的举措要求。

实施港产城融合发展行动，通过强化港口枢纽优势、满足产业升级需要和优化城市服务供给，成为推动天津港口资源优势转化为高质量发展胜势的有效之举。

二、推动全域联动协同，港产城融合发展再启新篇

实施港产城融合发展行动，是天津积极把握高质量发展所面临的时代之变，着眼构建新发展格局的使命任务，对港城发展关系和布局作出的系统性、整体性、深层次调整，在深度参与全球分工、融入经济大循环进程中，打通内外产业关联和资源整合通路，从而有效塑造城市竞争优势、有力提升城市发展能级的关键举措。实施港产城融合发展行动以来，市级部门、天津港集团、各区和各产业园区主动作为、全力投入，形成全域联动、协同发展的港产城融合发展新格局。

（一）政府规划引领：细化行动方案，强化政策支持

制定实施港产城融合发展行动方案和政策措施，是加强港产城融合发展规划指引的重要内容。

落实行动，方案先行。制定《港产城融合发展行动方案》为天津市促进港产城深度融合、发展壮大港口经济绘就新蓝图，成为今后一段时期推动港产城融合发展和实现港口经济高质量发展的纲领性文件。

细化举措，政策引领。天津市交通运输委员会发布的《天津市促进港产城高质量融合发展的政策措施（征求意见稿）》，从做大

175

港口航运规模、做强港口关联产业和做优城市航运服务功能三个方面提出了 24 条具体措施。做大港口航运规模，鼓励增开航线班列、发展多式联运、加大引入航运市场主体以及发展邮轮经济等；做强港口关联产业，鼓励发展船舶制造、保税船供等产业，引入大型贸易商和船代公司，推进港航数据平台建设等；做优城市航运服务功能，鼓励推动航运要素集聚，大力发展航运金融、航运保险、海事法律服务等。

（二）港口辐射带动：畅通内外循环，提升服务保障

天津港集团深入实施港产城融合发展行动，强化港口运营和市场开拓，开辟新的海上航线和陆路运输线路，深化绿色智慧港口建设，积极推动海空联运，提升港口辐射带动引领作用。

启动 2023 年"春雨行动"。天津港把启动"春雨行动"当作提升服务水平和加强市场开拓的重要举措和抓手。通过积极走访客户，构建畅通的常态化沟通渠道，及时了解客户需求，持续优化提升服务举措，有序推动解决客户实际困难，保障供应链、产业链稳定。

拓展陆海双向物流网络。向外开通"中国—苏里南"直航航线、沃尔沃汽车出口欧洲班轮航线，以及最大船型集装箱直航欧洲航线，搭建海上运输新通道，推动贸易畅通，助力我国企业开拓海外市场，提升国内产品在国际市场的竞争力。向内开通"天津港—银川"海铁联运集装箱新班列，开通首个冷链长途干线运输项目，为服务腹地经

济高质量发展提供有力支撑。

升级智慧绿色港口建设。发布全球首个全物联网集装箱码头，率先按下港口万物智能互联时代快进键；三个滚装码头同时获得中国船级社颁发的《碳中和评价证书》，成为全球首批实现全部"零碳"运营的滚装码头；天津港至河北定州氢能重卡示范应用场景正式启动。一系列最新成果充分展示了天津港智慧港口、绿色港口建设的新成就。

打造海空联动物流平台。2023 年 3 月 22 日，来自智利的一批货物通过天津港集团东港物流有限公司"海空一站式"物流平台，从东疆国贸公司仓储展销中心运往天津机场物流公司国际货运中心，再通过机场航班飞往香港，首个海空联动物流平台顺利建成，成为助力港产城融合发展的主动实践。

（三）港区城区联动协同：推进战略合作，共促产业发展

实现区港联动、高效协同，是推动港产城融合发展的重要举措。全市各区和经济功能区积极加强与天津港的对接合作，推动港口经济和区域经济

天津首个"港产城融合政务服务专窗"落户河北区政务服务中心

联动协同发展。

城区港区积极推进战略合作。2023 年 2 月以来,天津港分别与河北区、武清区和南开区签署战略合作协议,推动天津首个"港产城融合政务服务专窗"落户河北区政务服务中心,加强城区港区在港口物流、招商引资、商务商贸等方面的合作,推进创新资源、战略资源的有效对接。加强城区港区战略合作,有利于在更广范围形成港口经济发展共识,扩大港口经济辐射面和影响力。

滨海新区强化全面衔接。优化港城交通体系,加快建设"两横两纵"轨道交通,打通集疏港交通关键节点,构建畅通的港产城融合综合公共交通体系;加强港口经济产业衔接,重点推进石油化工、海工装备、保税维修、跨境电商、邮轮旅游、融资租赁、冷链物流、品牌会展等港口产业发展,推动形成前港、中产、后城的产业集聚发展及职住平衡空间布局。

天津港在综合保税区开启物流新模式。天津港东港物流有限公司成功进入重要货主的采购商名单,将仓储物流升级为三方贸易,将港口转变为核心国外直采、国内销售的贸易实体,实现了由货物通道向经济走廊升级的转变。综合保税区内 250 万平方米物流仓储设施和资源成为新模式的重要载体,并进一步串联起仓储、租赁、加工、物流、分拨、贸易、金融等板块,走出港产城融合发展新路径。

(四)载体平台赋能:引进优质资源,集聚发展势能

推进港口经济新载体平台建设,立足自身资源、政策和产业优势,

积极引入大项目好项目，持续提升载体的产业能级和资源配置能力，为港口经济高质量发展集聚势能。

滨海新区推进新载体平台建设。滨海新区发布《关于支持"滨城"核心区于家堡——响螺湾地区高质量发展的若干意见》，把发展新航运列为重点支持的新型业态；于－响片区高质量发展规划方案提出要重点建设跨境贸易展示区、海洋特色商业区。滨海新区核心区中部新城片区规划建设港产城融合示范区。天津港保税区海港城市更新项目获全国推广，区域内 6.5 平方公里工业园区存量资产为港口经济发展提供强大动力。

东疆综合保税区提升港口经济能级。引进培育优质项目，大力发展主题园区。2023 年以来，先后签约 7 个重点项目，总投资额 114.79 亿元，覆盖融资租赁、交通运输等多个领域，为港口经济发展再添新动力。加快冷链主题园区建设，拓展冻肉、水果、乳制品、红酒等冷链进口商品，助力口岸经济发展。加快电子商务主题园区建设，引进一批电商企业，稳步推进京东国际二期扩仓等项目。

天津港保税区引入大项目好项目。2023 年 3 月，中海油环渤海新能源有限公司正式落户天津港保税区，进一步完善天津海洋能源与海工装备产业链。2023 年 4 月，A320 系列飞机第二条总装线项目落地天津港保税区；中船（天津）船舶制造有限公司获得 6 艘大型集装箱船承建合同。一批优质制造业大项目相继落户，对完善天津临港制造业产业链、提升产业竞争力具有重要意义。

中心城区加快航运服务集聚区建设。大力发展航运楼宇经济，

中船（天津）船舶制造有限公司建造的 16000 箱集装箱船（首制船）

天津首家航运金融中心在中国银行天津市分行正式挂牌，河西区泰达大厦、河北区远洋大厦分别挂牌天津国际航运大厦、国际数智航运大厦。推动航运服务市场主体集聚，俄罗斯船级社中国总部项目、上港物流华北地区总部项目等一批航运服务业领域重点项目落户河西区。

同时，实现港产城融合发展还需要解决一些深层次问题，集中体现在港口辐射服务能力有待提升、对外贸易需要提质增效、产业带动能力需要增强等。

从港口辐射服务能力看，外贸干线覆盖面和数量需要增加，在巩固提升传统优势地区航线外，需加快拓展欧美航线，增加集装箱航线数量；多式联运集疏运体系还有提升空间，缺乏直通西部和北部腹地的专用铁路通道，区域货源开拓和市场组织能力不足，海铁联运潜力未充分挖掘。2022年，天津港海铁联运通达数量为44条，完成120.3万标箱运量，与其他国内主要港口相比，还有上升潜力。

从对外贸易提质增效看，外贸"含金量"需要进一步提升，平均每吨货物的贸易价值额仅为3661.2元，与国内其他主要港口相比偏低；平行进口汽车和进口冻品规模均居全国首位，但未形成相应大宗商品交易；外贸新业态需要进一步扩大规模，2022年，天津本地跨境电商交易额占进出口贸易总额的比重仅为0.75%，提升空间较大；外贸企业综合实力有待增强，缺乏本土龙头型贸易企业和专业化贸易平台，贸易产品和贸易模式创新活力不够强。

从产业带动作用看，高端航运服务业发展不充分，航运市场主体集聚度不足，航运保险、航运信贷、海商海事法律服务等高端航运服务发展需提速。临港制造业中传统产业占比大，新兴产业体量小，船舶制造维修产业需要加快恢复，尚未形成完备的船舶维修和燃料油品加工供应体系。商贸物流联动协同有待加强，港口文旅产业发展潜力有待挖掘，邮轮经济尚有较大发展空间。

三、港产城深度融合，推动通道经济升级为港口经济

从顶层设计、战略谋划入手，以建设世界一流港口、提升港口

枢纽能级推动港产城融合，以发展高质量港口产业体系、拓展港口经济新赛道引领港产城融合，以优化城市服务功能和软实力促进港产城融合。

（一）完善顶层设计，落实规划引领

加强相关领域行动方案的协同规划与联动实施。加强港口枢纽建设、高端航运服务业发展、临港产业发展、集疏运体系建设等具体领域、具体区域细化行动方案的规划设计，充分对接城市、用地、用海、产业、交通等规划编制修订，加以高标准制订实施。

集中创新港口经济引育政策。围绕促进港口产业高能级企业集聚、加快港口经济转型升级，设计制定推动港口经济高质量发展的组合政策，加大对项目落地、总部迁入、经营升级、人才引育、业态创新的扶持奖励。设立港口经济产业基金，加大对重大项目的投资引导和扶持，吸引社会力量参与港口经济建设投资。

（二）强化港口辐射，提升服务能级

深化世界一流智慧港口、绿色港口建设。重点推动大宗散货码头的"散改集"自动化改造和数字化作业升级，为打造大宗散货数字化交易平台奠定基础。深化数字孪生港口建设，大幅度提升港口智能管控水平。推进口岸、物流、贸易数字化协同平台建设，提升港口货物和船舶的通航效率、通关便利化水平和监管服务效能。

持续提升港口通道能级。拓展海向远洋航线和完善陆向海铁联运网络。提升天津港中蒙俄经济走廊集装箱多式联运运输能力，提升对中亚地区的辐射影响力。着力面向区域全面经济伙伴关系协定国家新增海运航线，提升对东盟地区货源组织的带动作用。完善港口集疏运体系，大力发展海铁、海公、公铁等多式联运，推动新区城市交通体系与港口货物集疏运有效衔接、高效运转。积极推动组建环渤海港口联盟，打造具有国际竞争力的东北亚世界级港口群。

（三）推动资源集聚，壮大产业集群

促进高端航运服务业集聚。以中心城区、东疆综合保税区、于家堡等区域为依托，吸引航运、物流等企业总部或区域中心落户。推动

天津港开通海运直航欧洲新航线

航运与数字经济融合发展，积极引育航运平台经济新业态。支持国际船舶管理企业、检验机构、船舶交易服务机构、海事仲裁机构等航运机构集聚。大力发展航运会展经济，打造具有行业影响力的高端港航论坛品牌。做大做强国际跨境融资租赁，积极发展航运保险、离岸结算、航运衍生品交易等航运金融业态。

推动临港物流业创新发展。加快冷链物流、跨境电商等国际物流分拨基地建设，打造以高端装备、乳品、汽车及零部件、粮食、服装、化工制品为特色的国际分拨中心。围绕重点货类延伸产业链，发展高附加值临港物流产业，着力引进冷链、汽车、粮油食品中转配送、流通加工、供应链服务等物流增值项目。广泛吸引国内外物流行业巨头、细分市场领军企业、特色物流商落户天津，打造规模化、专业化的商贸物流服务聚集区。

培育壮大特色临港制造业。以临港经济区、南港工业区为主要载体，打造海工装备、石油化工、民用航空等特色集聚区。积极培育完善海上风电、海水淡化、氢能等临港产业链。探索开展航空航天、船舶、工程机械等保税维修和再制造项目。提升海洋环保船、大型医疗船、大型客滚船、豪华游船和邮轮、科考船等高技术船舶研发、造修能力。

引领海洋文旅业做大做强。深度挖掘国家海洋博物馆等重点文化设施，以及港口工业游资源，着力打造世界级"亲港"文化旅游节和"亲港"旅游线路。加快推动邮轮旅游市场有序恢复、加速回暖，完善东疆保税港区邮轮母港综合配套服务设施，推动集邮轮综合服务、休闲度假、购物居住于一体的邮轮港城建设。

（四）加快平台建设，打造贸易枢纽

推进大宗商品交易中心建设。围绕铁矿石、油气、粮食等优势货物，推进大宗商品供应链服务与交易平台建设。鼓励企业开发冷链食品、进口红酒等专项商品交易平台。规划建设数字化仓储物流体系，全面推广应用天津自贸试验区"数字仓库＋可信仓单＋质押融资"创新经验，创新区块链技术场景应用。

加快发展外贸新业态新模式。推动跨境电商在中心城区和临港地区优化布局，集聚发展。促进传统外贸商业企业积极转型，有效拓展线上贸易平台、渠道及商品品类，着力稳定外贸进出口增长。发展商业数据跨境交易，鼓励设立离岸互联网数据中心，探索发展离岸数据增值服务。

（五）优化城市配套，拓展服务功能

高标准推进"滨城"城市建设。通过文化、医疗、体育、教育优质资源的引入，提升"滨城"对高端人才和产业的吸引力；增加大型公共设施布点，提升服务水平；完善多层次社会保障体系，让发展成果更多惠及城市居民。

打造北方港航科教创新高地。加快筹建港航领域高水平研究机构，培育港航创新新动力；规划建设港航科教产业园，推动港航创新资源聚集发展；建设港航智库集聚区，打造港航创新思想策源地；发展港航职业教育和市民教育，厚植城市港航文化底蕴。

　　在中国式现代化的区域实践中，天津通过深入实施港产城融合发展行动，推动港产城相互赋能、共同发展，将通道经济向港口经济全面升级，港口战略资源的核心优势将不断积蓄增强，港口经济服务高质量发展的作用将不断发挥。

（天津社会科学院课题组：蔡玉胜、石森昌、张新宇、屠凤娜、谢心荻、贾艳慧）

天津港采用"5G+L4级自动驾驶"等新技术

智能化让码头更安全更高效

　　无人驾驶电动集装箱卡车在北斗导航系统指引下，按照实时测算的最优行驶线路，有序经过自动加解锁站，卸下集装箱锁具，驶向集装箱堆场。相隔不远的中控室里，天津港集团的操作员正注视着这整套流程。同样是负责从货船到堆场之间的集装箱装卸运输，场桥远程操控员冯旭并未出现在狭窄的堆场线路中，而是坐在6块屏幕前"开卡车"。在她的"驾驶座"上，操纵杆代替了方向盘。仔细比对交错复杂的车道线，观察视野中每一个可能出现在路表或被堆叠过高的货箱……屏幕上的监测数据俨然是她的另一双眼睛。

　　第二集装箱C段码头是天津港新建的智能化码头，2021年10月正式启动运营。"5G+L4级自动驾驶"这一全新的技术方案，首次在半开放的场景大规模商业化落地，助力码头运营更加安全、高效、为传统集装箱码头升级改造开辟了新路。

数字化、智能化为天津港带来了实实在在的"技术红利"。天津港集团副总裁杨杰敏介绍，C段码头总投资52亿元，有3个泊位、1200米岸线，投资规模与传统集装箱码头基本相当。其中，信息技术与设备自动化技术的投资约占10%。港口经过数字化、智能化改造后，以作业效率为例，2022年，C段码头最高的船舶平均作业效率达到36自然箱每小时，单桥吊的平均运行效率提高了20%。同时，单箱综合能耗降低20%。

天津港数字化转型合作方、华为公路水运口岸智慧化团队技术负责人岳坤表示，天津港C段码头已稳定商用一年，说明国内的5G、L4级自动驾驶等技术已经在行业真正用起来，这是一个整体的产业进步。

据了解，以实现自动化、智能化、无人化为目标，瞄准港口行业共性技术难题，天津港集团与华为构建创新联合体，开展产学研用紧密合作，对港口的生产、管理、组织架构、流程、数据及信息系统方面进行了持续、深层次的技术变革。在"自动化码头2.0"项目攻关的过程中，很多工艺、设备、系统和关键技术路线都具有较好的可复制性，项目"沉淀"下来的很多系统和技术方案已经成为其他正在筹划建设的港口的首选方案。

未来，天津港与华为还将深化合作，推动港口自动化、智能化和无人化技术，建设"数字孪生"的天津港。数字孪生技术是指通过建立三维数字化模型，打通物理世界和数字世界，实现虚实融合的复合技术。据杨杰敏介绍，该计划将包括全新自动化码头建设、传统码头改造以及全面数字化转型三个阶段。未来，秉承"大港口、大开放、大循环"理念，天津港将全力打造世界一流智慧港口、绿色港口。

（原载于 2023 年 3 月 27 日《人民日报》第 19 版，
记者孙嘉龙、谷业凯）

五

制造业
高质量发展行动

制造业是国民经济的主体，是立国之本、兴国之器、强国之基。实现高质量发展，要推动我国制造业转型升级，建设制造强国。党的二十大报告指出，"坚持把发展经济的着力点放在实体经济上，推进新型工业化，加快建设制造强国、质量强国、航天强国、交通强国、网络强国、数字中国。实施产业基础再造工程和重大技术装备攻关工程，支持专精特新企业发展，推动制造业高端化、智能化、绿色化发展"。

　　天津发展制造业有优势、有基础、有机遇。实施制造业高质量发展行动，就是要进一步明确天津制造业高质量发展总体思路，用好历史传承优势、基础配套优势、产业发展优势，以高端化、智能化、绿色化为方向，牢牢把握制造业高质量发展的重点和着力点，加强科技创新赋能，建设特色鲜明、优势突出的现代化产业体系，不断把天津制造业做大做优做强。

加快实现制造业高质量发展
——"制造业高质量发展行动"调研

  党的二十大报告指出，"坚持把发展经济的着力点放在实体经济上，推进新型工业化，加快建设制造强国、质量强国、航天强国、交通强国、网络强国、数字中国"。作为国民经济的物质技术基础，制造业是国家创造力、竞争力和综合国力的重要体现，实现制造业高质量发展，对天津这座有制造业悠久发展历史和产业基础的超大城市而言，具有重要的战略意义。

  当前，我国正处于从传统的要素驱动向创新驱动转换、从高速增长向高质量发展转变的重要时期。2013年习近平总书记视察天津时提出"着力提高发展质量和效益"的重要要求，2015年《京津冀协同发展规划纲要》明确了天津"一基地三区"功能定位，为天津高质量发展明确了方向、提供了遵循。进入新发展阶段，天津必须抓住制造业强国战略的历史机遇，努力实现制造业高质量发展，为打造京津冀世界级的产业集群，为天津全面建设社会主义现代化大都市，提供强有力的保障。

一、努力实现路径转换和结构升级

（一）新时代制造业高质量发展的内涵要义

党的十八大以来，习近平总书记多次对制造业发展作出重要指示。面对世界百年未有之大变局，立足对我国经济发展阶段性特征的深刻认识，习近平总书记指出，"要推动制造业高质量发展，坚定不移建设制造强国""制造业高质量发展是我国经济高质量发展的重中之重""制造业的核心就是创新"，为制造业高质量发展指明了前进方向。制造业的高质量发展，主要体现在通过产业优化升级，发展先进制造业，推动制造业高端化、智能化、绿色化发展，推动我国从全球产业链的中低端走向中高端。

（二）天津加快打造以新发展理念为引领的现代产业体系

第一，天津制造业转型发展的布局演进。制造业高质量发展与天津经济社会发展全局密不可分，制造业发展的地位不断提升，目标不断聚焦，布局不断优化并越来越精准化。天津工业经济发展"十三五"规划提出，要坚持走以提高发展质量和效益为中心，以先进制造为支撑，以创新驱动为核心的新型工业化道路，大力发展智能制造、绿色制造、服务型制造、全球化制造。天津制造业高质量发展"十四五"规划进一步提出，要深入实施创新驱动发展战略，推动制造业质量变革、效率变革、动力变革。

京津冀协同发展重大战略为天津制造业的转型升级提供了巨大的机遇和空间。"十三五"期间，天津聚焦京津冀协同发展，充分发挥工业体系齐全的优势，积极对接疏解北京非首都功能，主动承接总部企业、金融机构、科研院所等高端项目，持续丰富壮大重点产业集群。在此基础上，"十四五"规划和市第十二次党代会进一步聚焦布局的优化，提出"以京津冀协同发展为牵引"、加快形成天津"两带集聚，多级带动、周边辐射"的制造业发展新格局，持续推动北京创新资源与天津研发转化的优势互补、紧密衔接，多方落实天津制造业提质增效升级目标。

从产业选择看，天津聚焦"优势支柱"和"战略性新兴"的特征越加清晰。"十三五"规划强调，要提升工业基础制造能力，将加快构建产学研一体化的先进制造创新体系提上日程。"十四五"规划进一步要求深入开展技术攻关，构建以信创为主攻方向、以生物和高端装备为重点的"一主两翼"产业创新格局。市第十二次党代会对制造业发展进行精细化布局，不但从战略层面明确了产业的重点布局，而且清晰了重点行业的发展蓝图，明确了制造业向高端化、智能化、绿色化转型目标和建构"链长制"、深化科技体制改革等创新体制机制等转型路径。

第二，天津制造业转型发展的总体进展。从天津扎实推进制造业结构调整的十年实践来看，天津制造业高质量发展态势逐渐形成，

空客天津总装线

全国先进制造研发基地培育工作持续深化，制造业高质量发展建设步伐不断加快。

从空间布局看，"两带集聚、多极带动、周边辐射"的产业空间布局已基本形成。十年间，累计建成12个国家新型工业化产业示范基地，产业集聚度进一步增强。滨海新区龙头带动作用进一步发挥，"津城""滨城"双城优化加紧落实，其他各区都市产业、高端产业、特色产业等积极培育。"钢铁围城"基本破解，"园区围城"治理基本完成，各级先进制造业集群整合基本完成，为产业高质量发展留足空间。

从投资看，2022年制造业投资增长13.8%，为近五年增速之最。政府的投入和政策支持稳定精准，对细分领域优势企业的支持力度持续加大，提供为期五年培育支持期；对科研院所的投入不断提高，天津现有 73 个国家企业技术中心，近十年中心数量年均增速超 10%；对高精尖人才投资稳步提升，"海河英才"行动计划累计引进各类人才超 44 万人。政府的投入明显带动了社会资本的积极性，2019 年以来，天津面向民间资本集中推介了上百个项目，其中先进制造业产业主题园区基础设施的推介受到民间投资的更多关注。

从产业链的"主链"看，12 条重点产业链带动作用持续显现，增加值合计占规模以上工业的 77.9%。全市在链工业企业产值、增加值占规上工业企业的比重分别为 64.1% 和 77.9%，比全市平均水平分别高出 5.2 和 1.0 个百分点。传统产业中，轻工和绿色石化产业链都已跨过转型期，有雄厚基础的高质量发展形态已然形成；新兴产业中的新能源、汽车及新能源汽车产业链"子链"尤其丰富完整，在龙头引领、技术领先、生态完备、产业集聚等方面都颇具代表性。

产业链的"长链延伸"是制造业长期保有生机活力的秘诀。天津原有制造业企业大都处于产业链中低端，"长链延伸"既可以直接从外部引进高端环节企业，又可以通过老企业自身转型升级转向高端，进而补充链条。例如，生物医药产业链充分利用上述两种方式，形成了产业竞争力强、核心产品全国领先、产业园区具备竞争力等新优势，生物产业、新能源汽车产业、新能源产业、高端装备制造业 4 个产业2022 年上半年合计拉动全市规模以上工业增加值提高 1.1 个百分点。

从产业结构中的"升降关系"看，在部分落后产能渐次退出的同时，传统产业的升级是比较明显的，如纺织业，十年间规模以上企业总数减少超30%，但资产总计却增加近30%，传统产业规模化、自动化发展初见成效。新兴产业发展迅速，如医药制造业，规模以上企业数量十年增幅超30%，利润总额则猛增112%，产业基础优势明显，发展壮大势头迅猛；信创产业"国产化"发展方向明晰，核心技术持续突破、产业基础能力不断提升、产业生态日趋完善，信创产业经济效应愈发显著，目前营收已突破560亿元大关。此外，体现新动能支撑的创新平台载体不断集聚，先进制造业集群"中国信创谷"产业主题园区不断壮大，"天津智港"加速建设。

从创新企业的培育看，截至2022年，天津制造业企业中已有192家入选国家专精特新"小巨人"；已形成以"28家国家级、71家市级、41家市级种子"为梯队的制造业单项冠军体系；2022年1月中旬，世界经济论坛增选天津海尔洗衣机互联工厂为"可持续灯塔工厂"，该项荣誉既是对天津海尔洗衣机互联工厂兼具先进性和可持续性的高度认可，也说明了市级甚至国家级领航企业的培育未来可期。

第三，天津制造业实现高端化、智能化、绿色化的生动实践。高端化、智能化、绿色化是天津制造业高质量发展的明确方向，这主要体现在天津制造业涵盖优势支柱产业和战略性新兴产业等的重点产业布局发展上。

在信息技术、集成电路与高端装备产业方面，天津逐步形成了以飞腾信息、麒麟软件、神舟通用、联想、中科曙光、光电通信、超算天津中心、三六零科技等链主企业为代表的，涵盖"CPU—操作系统—数据库—服务器—整机终端—超级计算—信息安全服务"自主可控、产研一体、软硬协同的信创产业体系，是国内信创产业链布局最为完整的城市之一。中芯国际已成为亚洲最大的8英寸芯片生产基地，目前正在建设全国领先的4条12英寸芯片生产基地。天津高端装备门类齐全，形成了较为完善的工业体系，在通用装备、专用装备等领域不仅拥有通用机床、精雕机床等国家级链主企业，同时还聚集了一重、奥的斯电梯、新松机器人、中铁装备、天津唐车、海油工程、博迈科等一批行业领军企业。

在生物医药、中医药产业方面，天津拥有中国医药工业百强企业5家、上市公司24家。2022年，天津生物医药产业成功入选国家首批"提质增效"试点，成为全国唯一的医药制造业试点。围绕静海神农谷，建设了天津中医药大学新校区、现代中药创新中心、天津中医药大学科技园、天津中医药大学第三附属医院、中医药产业基地等，推动中医药产业"产学研医用"一体化发展格局。国药药材（天津）医药有限公司总投资30亿元，打造中药材贸易中心和中药材育种、康养中心，进一步延伸天津中医药产业链。

在新能源、新材料及汽车产业方面，天津拥有锂电池行业唯一的国家锂离子动力电池工程技术研究中心，巴莫高镍三元正极材料在国内同行业市场排名第二，环智G12大尺寸光伏硅片产能占全球产能20%以上。以环智、爱旭、三星电池、国安盟固利、贝特瑞等为代表的龙头企业发展势头较好，产值增速连续两年超20%，产业链总规模比重提升至85%，龙头带动作用明显。天津拥有金桥焊材、高盛钢丝绳、新宇彩板等一批国家级单项冠军企业和单项冠军产品，核电用钢绞线占有率继续保持全国首位，航空航天用精密无缝毛细管、HDPE热镀锌预应力产品、镀铝锌供货量全国前三。天津有具备道路机动车生产资质企业70余家，年产能超过145万辆，80%以上产能和90%以上产量均集中在一汽丰田、一汽大众、长城汽车三家整车企业。

在航空航天、轻工业及绿色石化产业方面，天津以空客飞机、中航直升机、彩虹无人机、新一代运载火箭、卫星及超大型航天器等龙头产品研制生产为基础，形成了"机箭星站"一体化发展的全产业发展链条，打造具有国际先进研发和制造水平的航空航天产业发展高地。拥有海鸥、富士达、天纺、王朝国家级企业技术中心4家和海鸥表业、津宝乐器国家级工业设计中心2家。绿色石化产业链增加值、投资、税收贡献均居首位，且占比均超过50%，是工业经济平稳运行的压舱石和稳定器。

二、实施制造业高质量发展行动

（一）实施制造业高质量发展行动的要求

2022年，天津市委经济工作会议提出组织实施"十项行动"，明确了未来五年天津高质量发展的路径举措。实施制造业高质量发展行动，体现了天津在构建新发展格局中主动作为，着力调整产业结构和构建现代化产业体系，以实现社会主义现代化大都市的建设目标。制造业高质量发展行动的重点，就是大力推动制造业高端化、智能化、绿色化发展，加快建设全国先进制造研发基地。

天津市委、市政府明确提出，天津要发挥制造业的历史传承优势、基础配套优势、产业发展优势，进一步把制造业做大做优做强；要牢牢把握推动制造业高质量发展的方向和路径，坚持高端化方向，适应市场需求；要坚持智能化方向，推动数字经济和实体经济深度融合；要坚持绿色化方向，加快构建绿色制造体系；聚焦重点产业链"攻城拔寨"，不断提高产业"含金量""含新量""含智量""含绿量"；制造业高质量发展的关键在于"协同"，关键要推动先进制造业与现

中铁盾构机在天津下线

代服务业相融相长，促进上下游企业和商业生态的数据联结，构建大中小企业融通发展格局。

（二）着力提高天津制造业发展水平

按照制造业高质量发展行动要求，在构建以"三化"为内核，突出创新引导的产业氛围方面，天津制造业的发展仍需要补齐短板。

第一，政府服务体系有待进一步改进。政府服务不仅体现在审批环节上，更体现在政府行业研究和服务能力上。一方面，企业普遍认可近年来天津在"一制三化"、减税降费等政策宣传落实方面的成绩。另一方面，有的企业也反映在政策制定和执行上，存在覆盖面不够、精细化程度不高、执行力度不强等问题。

首先，政策覆盖范围需扩大。企业实现高端化、智能化、绿色化等技术创新所需成本较高，在推进技术创新中面临资金困难，尤其是中小型企业面临研发成本、转型成本负担重，融资困难等问题，企业转型的主动性不强，政策面应进一步考虑优化细化、扩大对中小型企业覆盖面，以支持其向"三化"转型发展。

其次，精细化程度需提高、执行力度需提高。主要表现为服务意识有待进一步提升。制造业企业向"三化"转型，不同制造业行业的情况差异较大，行业细分领域政策应进一步加强调查研究，提高精准度和服务力度。

此外，除行业和企业的发展诉求外，产业组织和产业政策方面的问题也应引起重视。一是政府部门和行业商业协会的协同机制有待提高，相关部门在制定政策或制度之前，需更加积极听取行业商业协会的意见。二是少数新兴行业、个别企业存在补贴政策的强依赖问题，园区之间仍存在政策竞争、协调不够的问题，需要提高政策的顶层设计和行业政策研究能力。

第二，产业集群竞争力有待进一步增强。产业集群的发展，离不开集中产业链关键制程的园区平台的打造，而园区的建设主要有"头部企业＋配套"和"行业协会组织＋中小企业集群"两种模式。

在调研中发现，如高端制造、汽车行业，较为缺乏头部企业（企业总部），需加快建立以链主为核心、上下游延伸的强大自主研发体系；如高端制造、科技智能、航空航天行业，存在缺乏中小型企业集群配套、缺乏政策支持、缺乏有竞争力的基础设施场景应用配套等问题，如车联网等项目智能化应用场景打开不足。

此外，在产业集群建设方面，仍存在制造业产业基础研发能力不足，产学研合作创新能力不高，行业商业协会与政府的协同合作不够等问题。如产业数字化和智能制造领域，由于传统产业基础工艺比较薄弱，技术实力雄厚、服务能力突出的数字化转型服务商（或平台）数量不足、金融机构支持力度不够大，特别是为中小企业智能化转型提供服务能力不高，一定程度上延缓了制造业数字化转型的进程。

第三，企业家和技能型人才的引育有待进一步提高。制造业的高质量发展，企业是主体，人才是关键。对企业而言，高质量发展本质上是经营理念、战略、组织、运营等全方位的变革，人才和战略不可或缺，企业的战略管理能力取决于企业家才能。

天津制造业的高质量发展，离不开高素质的企业家队伍。整体而言，天津企业家队伍的建设存在短板。对新发展格局的理解，对行业发展趋势和前沿认识掌握还需要深化。尤其是在重点产业链上，具有学习能力的企业家和有担当精神的行业领军人才比较欠缺，需要加强对企业家人才的培育和引进。同时，企业实现数字化转型，需要大量既拥有数字技能，又掌握制造业生产技术的创新型、技术型、应用型人才。中高端复合型技能人才的供给不足，是部分企业陷入数字转型困境的重要原因，同时也是高等职业教育和产教融合发展需要面对的新问题。

三、实施制造业高质量发展行动的建议

天津制造业体系完备，科教资源丰富，拥有独特区位、港口、交通等优势条件，是发展先进制造业的沃土。实施制造业高质量发展行动，就是要朝向先进制造业研发基地的建设目标，推动制造业高端化、智能化、绿色化发展，构建"产学研一体、产教融合发展"的协同发展生态，不断提升制造业的自主创新和协同创新水平。从结构上看，今后五年，应努力提升战略性新兴产业的比重，力争在规模以上工业总产值中占比达到1/3左右，发挥出"先进""研发"的创新引领作用。结合调研情况提出以下建议。

（一）加强调研，强化政府服务的能力水平

加强细分行业的政策调研，制定有针对性的细分行业支持政策，

提高政策精细化程度，避免"一刀切"现象。天津要主动承接北京非首都功能疏解，对接雄安新区建设和发展需求，并与长三角、粤港澳、环渤海等地区保持密切经济联系，注重产业选择和不同区域间的政策比较研究，发挥自身要素优势，出台针对不同行业的政策措施，增强政策的精细化程度。

加强政府服务体系的支撑作用，增强重点产业集群和重点企业的竞争力，避免"撒芝麻盐"现象。一方面，可以通过限制性政策和鼓励性政策相结合的方式，引导资源向优势企业配置，引导企业优化生产链条。通过税收优惠、投融资支持和补贴、行业公示制度等，支持鼓励企业对标先进加大技术升级和设备更新，加快企业向高端化、智能化、绿色化转型。另一方面，围绕主链行业企业的发展，加大强链补链力度，注重研究国内外先进科技成果的引进和转化，加强研究北京科技中心与天津先进制造基地之间的协同体制机制建设，加强研究产学研合作体系建设，加强与国际性、全国性行业组织的合作，提高产业政策制定的科学性、先进性、可行性。

加强行业、企业和政策的宣传推广，提高天津制造业发展的知名度和品牌价值。一方面，应注重加强政府与行业组织、媒体和公众的交流和合作，注重对行业、企业、企业家的推介宣传，注重企业家宣传引导力素养培育，提高天津制造业社会声誉、美誉和形象。另一方面，注重提高制造业的知名度和品牌价值，通过展览会、展销会等载体，通过产业园、科技园、技术创新中心、核心研发基地等平台载体，加快制造业品牌融入城市营销，打造名产名企业名片，吸聚资金、技术和人才，带动上下游产业发展。

（二）固本强新，完善产业集群的治理体系

建设先进制造研发产业集群，提高头部企业的带动效应。要注重发挥头部企业在产业链中的带动作用，鼓励、支持、引导头部企业牵头，通过行协会、产业联盟、协同创新研发平台等组织方式，加快研发合作、技术支持、商服协同、教育培训、国际合作、孵化创业支持、政府沟通、基础设施建设等环节联动，形成融合协同的产业生态。

做强优势支柱产业、做大新兴产业，是天津制造业高质量发展的可靠路径。应注重提高产业链治理水平、提高产业链协同水平，注重加强产业链上下游的整合，支持鼓励企业间开展合作、建立联盟，形成互信互惠互利的合作关系。加快构建以智能科技为引领、以生物医药、新能源、新材料为战略性新兴产业，以装备制造、汽车、绿色石化为优势支柱产业的现代化制造业体系，重点加快新动能与传统优势支柱产业的融合发展，注重加快推进产学研一体化建设，注重多方联合搭建创新平台，持续深化推广联合重点实验室建设模式，支持高校、科研机构和企业联合研发、联合人才培养，解决科技型中小企业融资难、创新能力不强、创新人才不足等问题。

（三）引育协同，形成吸聚科技要素、人才要素的产业发展氛围

创新体制机制，发挥优势，形成吸引科技、人才等优秀要素资源向天津集聚的产业发展氛围。充分发挥夏季达沃斯论坛、世界智能大

会、鲁班工坊等国际化交流渠道作用，充分发挥"海河英才"创新创业大赛、天津技术创业大赛等项目创新示范作用，继续努力拓展交流渠道，提高天津的城市营销能力。充分发挥先行先试的优势，加强知识产权的保护和交流，创新体制机制，增强对科技要素、人才要素的吸引力，形成技术来津交易孵化、人才来津干事创业的环境氛围。

围绕重点产业链的技术开发、人才开发，政府、园区、商协会、头部企业间要加强合作，建立开放共享的技术资源库和关键人才库，研究制定精准有效的政策措施，建立健全关键人才引进、培养和保障机制，提高"引育用留"效率。要高度重视企业家人才的引进和培育，政策上加强"顶层设计""部门协同"，研究制定规划和落实方案，注重培养有创新意识和担当精神的行业领军人才，注重从生活、工作、宣传、法律、社会责任等多方面增强企业家的认同感、融入感、归属感、荣誉感，吸引更多的企业家、人才来津创业发展。

（天津财经大学课题组：丛屹、任洪源、杨冬梅、张文玉、陆秋雨、李舒凡）

天津：制造业高质量发展"拔节"有声

"任何时候中国都不能缺少制造业。"习近平总书记在参加十四届全国人大一次会议江苏代表团审议时强调。

锚定"全国先进制造研发基地"目标，"天津制造"脚步铿锵。

全国两会闭幕后，全国人大代表、天津钢管制造有限公司管加工事业部元通公司主任工程师李刚回到工作岗位，第一件事就是把全国两会精神带给身边的工人们。"作为制造业战线的一员，习总书记对制造业的高度重视让我们倍感振奋。"李刚说。

走进元通公司的车间，一条条生产线正开足马力赶订单；淬火工艺中的一根根通红无缝钢管，让人感受到沸腾的热力……李刚穿梭在车间各处，一边查看生产设备的运转情况，一边与工友们交流。

"我国是全世界唯一拥有全部工业门类的国家，正处在制造大国向制造强国迈进的重要关口期。"在李刚看来,传统制造业"不愿转""不会转"已经成为过去,转型升级的步伐不断加快。这些天,他正忙着加紧改造传统生产线。

"听说咱这条生产线要换机械臂了？"有工友扯着嗓子问李刚。

"快啦快啦,等着升级换代吧！"李刚回答。

他向记者介绍,今后,机械臂将替代工人进行搬运部件工作,可以大大减轻工人劳动强度,显著提升工作效率。

"工友们对提升智能化水平有着强烈的期待,传统生产线正在与新兴技术打通'最后一公里',实现双向'奔赴'。"李刚说,智能化是制造业发展的大势所趋,必将赋能制造业迈向新阶段。

一条条生产线的变革,是天津从制造跃向"智造"的缩影。仅去年,天津新打造的智能工厂和数字化车间就达到100家。

"今年的政府工作报告提出推动产业向中高端迈进,强调'把制造业作为发展实体经济的重点'。我觉得,要实现大国制造,必须掌握核心技术。"全国政协委员、天津市弘湖机电科技有限公司经理孙昌隆说。

为了深入了解科技赋能制造业的情况,去年,孙昌隆率队走访了20余家信创领域企业。今年全国两会期间,他和与会的科技界专家、学者等就此进行了深入细致的交流。

"人才是创新的关键。"孙昌隆说,今年,他将以更好建立健全人才培养培训机制为课题,深入天津代表性民营企业和台资企业等开展调研,就如何采取学历教育与职业培训并举的方式,促进高校人才培养体系与企业技术创新需要的对接等，找到更多"新点子"。

绿色发展，正成为天津制造业的新底色。

位于天津市宁河区的新天钢集团联合特钢有限公司办公室，一场今年全国两会精神学习会正在热烈进行。"在今年全国两会上，习近平总书记强调要推动制造业高端化、智能化、绿色化发展。这正是我们努力的方向。"公司党委副书记张璞锜说。

新天钢集团是天津最大的钢铁企业之一，近几年，摒弃了粗放经营的老路，开始加速向绿色发展"转型"。

在公司大数据中心十几米高的大屏幕上，每天实时显示着厂区环境变化趋势、排放源清单等"环保数值"，每一个数字微小的变化都会引起调度人员的注意。厂区绿树成排，环境优美，很难与传统的钢铁企业联系到一起。

"我们也经历过'烟囱突突冒黑烟'的时期。现在在气体达标排放的基础上，公司投入近18亿元，完成了全工艺超低排放改造工作。"张璞锜介绍，去年，企业通过了超低排放验收审核，并被评为"3A级工业旅游景区"。

"钢铁等行业是'碳排放大户'，坚持走生态优先、绿色低碳的高质量发展道路，寻求更多'绿色解决方案'，是我们的'必答题'。"张璞锜说。

眼下，张璞锜与同事们就如何巩固超低排放治理的成果、推进绿色低碳技术的应用进行攻关。推动电卡、氢卡清洁能源运输项目，降低原燃料消耗，实现协同降碳，探索光伏发电……一个个方案，被列入今年公司的重点任务清单。

"我们希望通过主动节能、深度减排，打造一个'花园式工厂'。"张璞锜表示。

全国人大代表，国网天津市电力公司党委书记、董事长赵亮在全国两会结束回到天津后，重点关注、思考如何更好地服务制造业绿色转型。目前，由国网天津市电力公司牵头发起的天津碳达峰碳中和运营服务中心，已接入1.8万余户企业能源消耗数据，并提供特色"双碳"服务。

他们了解到，很多制造业企业在绿电交易、绿色金融等方面有着迫切的节能增效需要，接下来，他们将继续深入开展碳减排、碳管理、碳评估、碳交易等相关业务，解决企业的"个性化"需求。

当下，天津制造业高质量发展"拔节"有声。"我们将进一步充实政策'工具箱'，稳定企业预期，增强发展信心，把全国两会精神真正落实在每一个生产环节、每一次转型升级中。"天津市工业和信息化局党组成员、副局长任洪源说。

（原载于 2023 年 3 月 22 日《新华每日电讯》，
记者白佳丽、郭方达）

六

中心城区
更新提升行动

全面建设社会主义现代化国家，以中国式现代化全面推进中华民族伟大复兴，必须抓好城市这个"火车头"。党的二十大报告指出，"坚持人民城市人民建、人民城市为人民，提高城市规划、建设、治理水平，加快转变超大特大城市发展方式，实施城市更新行动，加强城市基础设施建设，打造宜居、韧性、智慧城市"。

　　中心城区作为城市功能集聚度、复合度最高的区域，是城市各类核心功能的重要空间载体。实施中心城区更新提升行动，发挥中心城区引领带动作用，大力提升中心城区对全市经济的支撑作用，集中精力推动高质量发展，增强产业聚集度活跃度，塑造发展新动能新优势。全面提升产业品质、人文品质、生活品质、管理品质，打造高质量发展、高水平改革开放、高效能治理、高品质生活集中践行地。

以新发展理念引领城市规划建设和发展
——"中心城区更新提升行动"调研

党的二十大报告指出，"坚持人民城市人民建、人民城市为人民，提高城市规划、建设、治理水平，加快转变超大特大城市发展方式，实施城市更新行动，加强城市基础设施建设，打造宜居、韧性、智慧城市"。这一重要要求为新时期做好城市工作、推进以人为核心的新型城镇化建设指明了方向。

一、天津城市更新工作相关情况

2021 年，天津城市更新实施方案发布，天津的城市更新工作进入快车道。中心城区及滨海新区陆续完成了十余个项目的实施计划批复。市住建委及各区人民政府牵头，各相关部门、实施主体、专业设计咨询机构共同努力，金钟河大街南侧城市更新、西营门城市更新、柳林街区城市更新、南门外大街商圈北部片区城市更新、红旗新里城市更新、先达酒店周边城市更新、第一机床总厂及周边片区城市更新等项目获得市城市更新领导小组批复。这些项目以片区统筹类更新为主要类型，以拉动片区产业发展、民生改善、文化繁荣为目的，将片区内可利用资源进行盘活、利用，并着眼实现长期长效运营。通过项目积累，天津的城市更新工作迈出了基础性的关键步伐。

市住建委编制的《天津市城市更新行动计划（2023—2027年）》，市规划和自然资源局编制的《天津津城城市更新规划指引（2021—2035年）》尚处在征求意见或待批复阶段。与此同时，各区的城市更新专项规划也在有序编制过程中。随着各级政策的不断完善，更多实际项目的落地实践，将提升社会各界对城市更新的共识，形成共建、共治、共享的局面，带动城市更好发展。

在工作推进中，天津坚决贯彻中央关于城市更新工作的部署要求，建立科学务实的工作体系，重点解决制约城市发展的核心问题和百姓急难愁盼的民生问题，保证城市更新工作的高质量推进。

案例一，金钟河大街南侧片区靖江东里更新改造项目。该案例是践行"无体检不更新"的代表，突出以人为本的更新方式，着力解决老百姓急难愁盼的问题，提高公众共参共建意识。

习近平总书记强调，老旧小区改造是提升老百姓获得感的重要工作，也是实施城市更新行动的重要内容。要聚焦为民、便民、安民，尽可能改善人居环境。靖江东里改造提升工程是城市更新项目试验段的重要组成部分。该小区始建丁1987年，共由12栋楼组成，总建筑面积5.8万平方米。小区配套基础设施陈旧、短缺，区内人口老龄化严重，是天津老旧小区的典型代表。对于探索城市更新理念下老旧小区改造的工作方法具有实验意义。

第一，调研是一切更新改造行动的基础。靖江东里小区中心位置现有居民自发形成的活动场地，北侧室外乒乓球台环境差、争议大，但使用率较高。实地调研记录显示：该区域地面存在安全隐患；缺少围挡；掉落的乒乓球对周边通行车辆造成影响；与垃圾回收设施距离较近。通过深度访谈进一步了解到，居民自带临时防滑地垫保证运动安全；不打球的群众认为设置围挡等更为齐备的场地设施会对自己的活动造成影响。场地南侧是老年人自发的聚集场所，通过实地调研了解到，这个区域冬天能晒太阳，夏天有阴凉，有利于老人长时间驻留，谈谈天聊聊家常，进而形成属于自己的小社群。该场地已经成为老人生活的重要组成部分。通过深度访谈也了解到，该区域座椅数量不足。天气好、人多的时候，老人们需要从家里自带板凳、马扎。靖江东里全部是没有电梯的六层住宅楼，对住在中高层的高龄老人来说，经常性的搬运会带来很大的困难。而这些住在高楼层的高龄老人又恰恰是最需要交流和活动的群体。通过实地调研还发现，这个区域与车行道之间的便道过高，老年人上下吃力，缺少无障碍设施。

以调研为基础，在设计实施中对老百姓反映强烈的问题进行有针对性、"针灸式"的精准提升。方案保留原有球台设施，更换乒乓球

改造后的靖江东里活动场地

活动区域的地面铺装，并采用透水混凝土防滑地面处理，居民不再需要自带临时防滑设备。透水地面符合海绵城市措施要求，也有助于场地在雨天后尽快清空积水恢复活动。同时，围绕活动场地增加了围挡，保证车辆通行安全，也为居民提供了一个更安全、封闭的活动场地。对座椅集中的南侧区域在增加座椅的基础上，团队和老人们反复商议，进行多种摆位的对比和讨论，最终确定居民最满意的围合式方案。围合区域可以作为老人社群排练戏曲、舞蹈的场地。另外，增设无障碍坡道和扶手让老人更放心地下楼活动。这些措施来自调研，不求兴师动众的大动干戈，但求四两拨千斤的精准提升，把钱花在刀刃上，做老百姓觉得"最懂我"的事。

第二，调研中充分倾听百姓声音是精准解决百姓急难愁盼问题的基本方法。想要问计于民，首先要敢于听声音、擅于听声音，虚心向老百姓请教，虚心接受批评，和老百姓建立紧密关系。除了对指导思想、工作方法的明确，调查研究最大的现实意义在于解决百姓急难愁盼问题，这也是建立紧密信任关系的关键。比如，在进行调研时，靖江东里百姓逢人便说："下水不畅对我们的生活影响太大了，脏水外冒是常事儿。这回改造不要再涂涂抹抹了，得解决下水道的事儿啊！"经过和街道、社区的深入调研核实，也证实下水问题确实是困扰百姓多年的最大难题。查找出问题只是第一步，解决问题更需要详细的调查研究和客观分析。河北区政府调动排水所技术力量配合设计机构，以

改造后的靖江东里社区游园

要"取得立竿见影的效果，让百姓及时感受到解决问题的诚意和切实的变化"为原则，排查片区内所有管网设施，模拟多种解决方案。考虑成本工期等实际情况，实事求是地采取通过疏通化粪井来解决问题。

方案确定后，天津金钟城市更新建设发展有限公司作为实施主体立刻行动，牵头组织施工单位用约三周时间疏通了20年来没有彻底疏通的化粪井，取得了良好的实际效果，更疏通了多年堵在百姓心头的疙瘩。气顺了，事情就好办了，在后续的改造工作中，居民更加积极配合，这也再次证明了倾听民意的决定性作用。

第三，调研聚焦本区域人群的深层次需求，建立共参共建体系。引导和实现参与式设计、社区社群营造等社区治理机制的更新。比如，对靖江东里小区大门的提升工程。这个项目看似是硬件提升，事实上是源自深层次调查研究的机制提升。金钟河区域始建于20世纪80年代，当时是高标准建设的铁路系统大型居住区。该区域随着城市的建设被快速交通、拆迁区域及排水河环绕。除建设年代早、标准低、配套设施不足、建筑老旧这些共性问题外，该区域凸显出与其他区域的连接不便、逐渐出现"孤岛"趋势的问题，居民维护社区环境主动性逐渐变差。所以在小区改造中除了解决居民急难愁盼问题外，还有意识地引导居民参与共参共建，推动居民参与到改造之中，并逐步形成长效机制。

在社区居民中举行书法比赛，组织百姓进行门匾题字。不单大门设计方案是自己选的，字也是居民自己题的。"参与式设计"让大家在改造完成后更加自觉地维护共同的美好生活环境。很多居民表示，

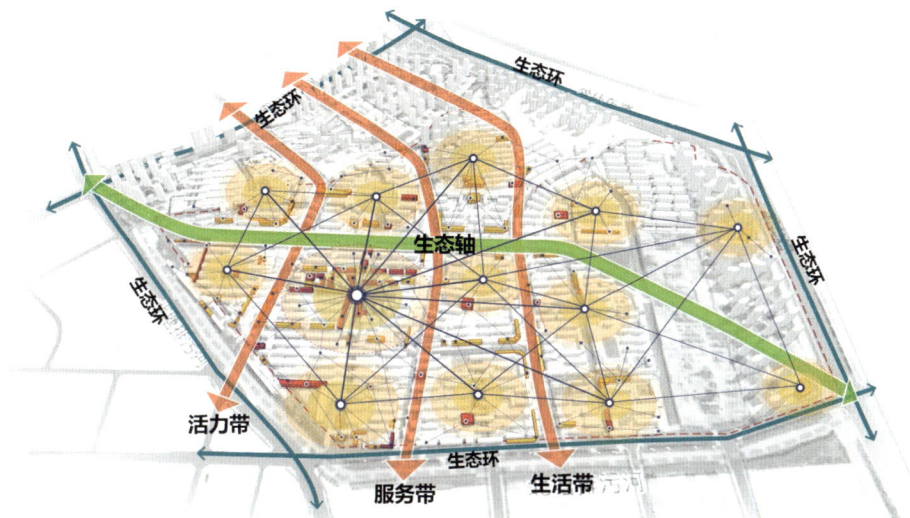

金钟河大街南侧城市更新项目规划结构图

以后都愿意长期住在这里。这有效增强了小区居民的凝聚力和自豪感，为共建、共治、共享打下良好基础。

案例二，对承担实施主体职责的国有企业产业发展模式进行调研，对各行业头部企业的产业应用场景进行调研。该案例是践行"无产业不更新"，切实解决城市建设发展中核心问题的代表。实现城市更新参与各方从城市建设参与者向城市运营参与者的转变。

比如，通过企业调研，明确轨道集团的发展战略围绕以公共交通为导向的城市发展模式（TOD）构建产业、生活与人协调融合的城市功能中心，实现城市开发与轨道交通承载能力的高效融合。通过整合优化站点附属设施，深化站点及周边土地整体规划策划，打造城市活力微中心，让居民生活更加便捷。最终实现从单站开发向片区统筹的转变，从单一功能向复合功能的转变，从开发建设向综合运营的转变。这与中心城区更新提升行动方案中提到的"提升地铁周边地块商业价值，在适宜站点发展 TOD+ 创意孵化、商务服务、商业消费等新模式"高度一致，是轨道集团特有的产业发展模式。以此为出发点策划的井冈山路片区城市更新项目就是围绕这种模式展开的。立足轨道建设，以建设"轨道上的城市"展开策划和方案设计，通过"TOD+ 公共交通体系"的完善、对公共服务体系的串联，以及对公共空间体系的重塑，带动区域发展。

再如，在了解企业的基础上，针对城市更新场景复合的特点，设计方可以在策划之初协助载体引入适配的产业，更可以根据适合区域发展方向的产业定向打造合适的载体。充分结合运营实现区域和城市的升级发展，是城市更新工作的重要内容。通过对包括京东科技、盈石资管、中国工业互联网研究院等头部企业进行调研发现，京东科技在社区智慧化养老方面具备很强的优势和参与意向。该企业结合其强大的物流体系，为居家的老年人提供及时的配送服务，同时还依托 AI、大数据等技术对老年人实施实时健康监测，形成完整的居家养老服务体系方案。工业互联网研究院和盈石资管等企业则希望寻找合适的建筑载体，实现项目落地。通过调研，深入了解产业运营方的实际需求，有助于更有效率进行匹配，从而助力项目整体实施与发展，助力产业引入，实现城市产业能级提升。

案例三，对南门外大街商圈金耀广场项目现状进行调研。该案例是全面践行"留改拆"的更新原则，切实保障项目合规性、可行性的代表。

南门外大街商圈是天津建设国际消费中心城市确定的九大商圈之一。商圈现状整体呈现出商业业态单一、活力不足，存在大量闲置低效载体等问题，其中突出的问题就是金耀广场的长期空置。金耀广场位于南门外大街和南马路两条重要城市主干道交口，与南开大悦城、鼓楼商街紧邻。因此，在项目谋划之初，金耀广场的盘活问题就成为了首要任务。各项具体工作的起始点就是"留改拆"的选择。首先是对建筑进行全面体检，通过测绘、勘查、结构鉴定等工作形成客观的整体评价。金耀广场建成年代较远，未设置地下停车设施，指标缺口巨大。同时，建筑整体层高较低，面积规模较小，缺乏共享空间，不能满足现代商业设施的基本需求。无论政府、企业还是设计单位，都希望坚持"留改拆"的原则进行保留和更新改造。调研论证显示，如果以改造方式进行更新，需要对既有建筑地上结构和基础进行整体托换，增建地下空间，同时对建筑整体进行加层加高。在项目现状地质条件下，并鉴于与两条地铁线路紧邻，施工安全风险大且成本过高，经济测算不合理。可以说，正是基于对物理空间细致的现状调研，通过对拟引入产业的深入了解，以及对市场规律的充分尊重，最终为金耀广场制定了拆除重建的具体实施方案。

二、天津城市更新工作的成效经验和需要解决的问题

（一）成效经验

在城市更新政策的助推下，逐步建立了总体策划、产业和历史资源等专项策划、项目体检、经济测算、规划设计等为一体的工作体系。多领域、多专业、多部门、多机构的合作，需要各自的专业性，更需要合作实现高效联动，打通每一个堵点、隘口，保证项目务实落地。这方面的经验体现在三个方面：

第一，更新具体措施都是源于"接地气"的详细调查研究。在调研中，百姓反映的很多问题是显而易见的，但有效的解决措施只有通过调研才能得来。比如，靖江东里百姓集中反映的下水问题，在项目资金承受能力有限的情况下，更换整体排水管网不具备落地性，通过协商最终确定了清掏化粪井的改造方式。比如，在一机床项目中，居民集中反映的问题就是暖气不热，在尊重居民意愿的前提下，本着尽力而为、量力而行的原则，对供热管道进行修补增设保温层是最为科学可行的办法。比如，在柳林项目中，天津科技大学校园需要与城市、社区相结合，最初计划是提升沿街的校园环境，让部分校园空间对外共享。在落地过程中，结合对校园建筑的实际调研，最终共同决定提升闲置的科技大学国际交流中心，并引入工业互联网培训功能，以产业运营的方式实现与城市空间的共享。

第二，在推进城市更新中实现各方协同和机制完善。在调研中，大家比较集中的反馈是城市更新在天津刚刚起步，需要时间和空间全

面了解和落实从策划、设计到建设、评价的全生命周期工作体系和配套政策体系，需要以实事求是的精神去探索和实践。比如，更新项目中会涉及大量老旧小区管网、绿地、铺地等设施的改造，企业作为实施主体按照各区认可的实施方案进行改造后，需要与政府相关部门完成验收和移交。完善移交手续、确定移交时间点和移交标准等是实施过程中各区和各实施主体不断摸索、不断优化、必须解决的重要事项。再如，河东区按照本区提出的城市更新实践区发展目标，区委、区政府主要负责同志挂帅，区住建部门牵头，建立了一套从体检评估管理、区委办局意见征询、区级项目专家论证会、区领导小组审议的标准流程，并不断修正坚决执行，保证河东区城市更新项目的工作流程具有标杆和示范作用。

第三，实现了以政府牵头、产业运营为核心的各领域、各机构合作，强调跨界配合与高效落地。城市更新与地产不同，不能只关心项目用地红线内的事情。项目关联到各个方面，复杂性强、涉及面广，跨界是必不可少的。比如，城市更新项目强调产业导入和长效运营，需要根据片区的区位、产业发展基础等提出有针对性和可操作性的建议。同时，也需要与政府和企业的招商引资计划结合，在项目实施前完成后期产业招商运营等资源的落地。在老旧小区改造中也会遇到类似情况。比如，在片区类提升中经常遇到车行、人行交通需要整体提升的事项，需要与交管、城管、街道等部门一起调研分析实际使用情况，与相关设计咨询机构合作，在政策允许的前提下实现各方共同谋划，提出如建设慢行系统、增加交通路口过街安全性、增设公交车导行及

河西区柳林街区城市更新项目

等候系统等务实可落地的提升措施。

总的来说，城市更新项目的核心经验是要勇于直面新事物带来的困难和契机，以调研为基础和手段，突出多领域的合作和机制的不断完善，以确保城市更新项目的高质量实现。在肯定取得的成效经验的同时，建议在城市更新项目的策划实施中给予项目本身和参与各方一定的时间和空间。一方面不能"新瓶装旧酒"，继续走地产开发、土地财政的老路。另一方面，也不能急于求成、求全责备，超越发展阶段看问题，更不能遇到问题就否定过程中探索和试错的必要性。具体来说，城市更新的一切工作应该以"务实解决当下问题，尽快实现项目落地"为宗旨，突出发展的科学性、时效性。比如，金钟河项目谋划之初，方案将区域的存量地块与和平区非成套住宅改造进行捆绑，以跨区域联动实现项目落地。但在具体策划期间，中央有关部门下发城市更新工作防止大拆大建的通知，之前的联动方式无法满足政策要求，这就必须立刻转变思路、创新设计。最终在参与各方的共同努力下，金钟河项目将策划核心转变为周边老旧小区的民生改善，并在短时间内完成了符合政策要求、符合城市更新要义的项目策划。再如，虽然每个城市更新项目都离不开产业升级、民生改善和文化传承，但其更新内容绝不是简单的复制粘贴，更不是单一的老旧小区改造，要因地制宜、因势利导。金钟河项目立足民生改善，唤回区域认同感、归属感；柳林更新项目，与天津科技大学、天津财经大学结合，实现"产、学、研、用、居"融合发展，形成依托区域资源禀赋的特色更新模式；西营门、一机床项目盘活老旧厂区资源，释放产业空间；南门外项目以建设国际消费中心城市为核心，换新闲置资产与周边商业载体实现联动发展，打造顶级核心商圈。

这些项目案例也说明城市更新工作始终处于发展迭代的状态，在科学的前提下勇于创新和探索是城市更新项目取得突破的关键。经过多个项目的尝试与探索，在老旧小区及其周边城市街区的改造中，"面子工程"已经彻底转向"既有面子，又有里子"的、以民意为核心的参与式更新。但也应该看到，还有很多问题需要解决。比如，在某个项目的调研中发现，老百姓去地铁站的通路被一堵围墙阻挡。目的地明明近在咫尺，却要多绕出一公里的路才能到达。类似这样的"墙"很多，基本都是由产权单位不清晰，历史成因复杂造成的，短期内无法拆除。但老百姓的事都是"天大的小事"，问题既然调查到了就必须解决。但也应该承认，由于城市更新项目刚刚起步，面临着很多对过去工作和管理方式的转变，建议给予一定的试错空间和实验空间，让大家放手去做。相对于拆掉一堵墙，共同积累有效做法，根本性地增强政策创新、机制创新的能力更为重要。比如，城市更新项目申报流程的不断优化完善。市住建部门始终及时根据各种新情况、新要求补充完善各项流程，确立了"无体检不更新""无运营不更新"的基本原则。各区则按照全市部署要求，积极承担主体责任，制定了科学严谨的管理、审查、申报流程。经过多次的市、区两级上下联动，逐步实现以项目为核心的规则、流程、机制的全方位完善，这也是实事求是推动城市更新行动高效、高质发展的正确途径。

（二）需要解决的问题

天津中心城区城市更新工作取得了一定成绩，迈出了关键一步，积累了大量经验。同时，在项目策划及后续实施、评价等阶段，还有一些需要解决的问题。

一是随着批复项目进入实施阶段，具体工作需要更加健全的政策法规体系和更加创新的城市更新模式来保障项目落地。在调研中，这也是各方反映最强烈的问题。随着项目累积及申报流程的不断完善，各区、实施主体对城市更新的认识在持续加深。为了更好统筹推动城市更新工作，各方希望不断完善顶层设计，对后续项目提供参照，健全完善更新工作机制。在片区类更新项目的建设层面，实施主体希望能够整体统筹谋划，对区域内智慧城市建设、绿建和海绵城市建设、地下空间综合利用等进行创新规划和运营管理。比如，地下空间利用可以参照雄安新区的建设方式，对各个地块的地下室进行连通，提升地下空间使用效率，缓解地上交通压力，实现资源共享、集约利用。再如，在智慧城市建设中，深圳和雄安新区都广泛布局了集成路灯、交通信号灯、5G 信号站、公安监控的智慧合杆。实施主体在项目中计划设置合杆时，会面临移交部门多、标准难以统一的问题，建议推广智慧合杆，采用建设、管理、运营一体化模式，从而避免移交过程中的问题，保证智慧城市建设的系统性，提高大城市精细化管理水平。

二是根据市住建委项目整体管理要求，各区还需要完成和不断完善城市更新项目实施方案的编制。保证项目根据整体谋划，高效率、高水平、高质量落地实施。针对实施方案的具体内容及编制深度，各区也在积极统筹计划之中。

三是关于建立城市更新项目实施后的评价机制。更新项目涉及面广、参与部门多、百姓意见变化性强，导致项目情况复杂。如何评价项目实施后的优劣和成效，为今后工作积累经验是非常重要的问题。

三、高质量实施中心城区更新提升行动的建议

（一）进一步完善城市更新综合谋划体系和全生命周期服务体系，保障城市更新项目在策划、设计、实施、后评估各阶段的连续性和高质量

认真学习贯彻习近平总书记关于城市工作的重要要求，充分认识城市更新工作的多维度、综合性。通过流程建设，根本性改变以地产为核心的原有发展方式。在城市更新项目整体蓝图设计中，鼓励专业人干专业事，集合经济、科技、文化、政策研究、设计等多领域专业人才，形成智库式的综合谋划体系。通过专业智库团队服务，为各项目、企业、政府提供全面支持。同时，坚持一张蓝图绘到底，智库团队干到底，切实保障城市更新项目可操作、能落地，全过程高质量。

（二）进一步推动城市更新政策创新

与北京、上海、重庆等城市相比，天津现有城市更新政策在存量低效资源盘活、产权归集、容积率计算等方面的支持政策相对不足。建议强化对项目更新具体内容及系统性的引导，并制定具有创新性的政策支撑。比如，在片区类更新项目中，鼓励地下空间整体利用，完善公益类设施盘活为经营性设施的各项手续办理，鼓励项目建设与运营一体化等。相关政策将激发社会资本参与的积极性，形成全社会共参、共建、共享的新局面。

建议政策创新改革更为全方位、一体化。比如，对于城市街道提升，

北京、上海等城市都出台了慢行交通规划、街道更新整治等技术导则，并配套了相应的管理制度。重庆相继出台了《重庆市城市更新公众导则》《城市小微公共空间更新指南》，为城市更新具体实施提出技术指导和支撑。这样的技术导则可以促进各部门打通管理链条，形成统一目标。天津在未来的城市更新实施中，要依据国家现有政策法规，积极创新举措，加强引导，形成系统性的更新改造政策措施体系。

（三）进一步全面关注和实质推动城市更新具体项目的产业引入和运营

目前，已批复项目更多关注以既有老旧小区为基础的民生改善，建议进一步关注人文、智慧、绿色发展，助力城市产业升级，提升城市实力。

一方面，中心城区城市更新整体目标不能仅仅通过某个区域、单个项目实现，要全市一盘棋，加强统筹，形成合力。比如，延续城市历史文脉对于一个城市至关重要。在城市更新行动中，要注重对天津历史文脉的充分挖掘和整体传承，在各个项目中有目标、有体系地联动实施，打造天津城市精神 IP。凝聚广大市民对城市的认同感、自豪感、归属感，树立特色鲜明的城市形象，提高天津城市吸引力，推动产业高质量发展。

另一方面，找准各区域、各项目的禀赋和难点，不以解决单个难点为目标，综合分析，系统制定更新内容并创新性制定支持政策，实现高质量发展。比如，天开高教科创园将有力激发中心城区产业、创新和发展活力，先导区已经推进天津科技广场改造、周边整体城市环境提升，以城市更新的方式为科技人才创造优质的创意研发空间。除了物理空间的更新，更重要的是为支持天开高教科创园高质量发展提出了 34 条具体政策措施，制定了完备的管理运营模式。软硬件共同发力，将为天开园发展充分赋能。建议在中心城区城市更新中建立产业焕新、机制创新、空间更新相结合的系统化模式，将城市产业能级、城市治理能力、城市整体风貌三者融合、相互促进，提升城市内核竞争力和发展能级，有力推动天津高质量发展。

（天津市建筑设计研究院课题组：李欣、张晓宇、佟武、张承、高耀春、郝鹏）

天津专项监督棚户区和老旧小区改造

让民心工程廉洁暖心

"棚户区改造，不但让我们搬进了新家，更温暖了我们的心。"近日，天津市红桥区和苑街道居民武贵秋老人提到棚改安置感慨道。和苑街道是为西于庄棚改定向安置房项目专门设立的。几年前的这里是一片洼地，如今，一栋栋高层住宅矗立在马路两侧，居民居住条件得到极大改善。

党的二十大报告强调，要紧紧抓住人民最关心最直接最现实的利益问题，着力解决好人民群众急难愁盼问题。棚户区和老旧小区改造工作关乎民生利益，是民心工程，也必须建成廉洁工程。天津各级纪检监察机关持续开展专项监督，督促推动各区和职能部门高质量完成棚户区和老旧小区改造任务。截至目前，全市共完成 160 多万平方米棚户区、9400 万平方米老旧小区和 2.2 万户农村困难群众的危房改造工作。

　　红桥区棚改总量约占天津市的一半，是全市实现棚改"清零"任务的重中之重。该区纪委监委持续开展专项监督，严肃查处红桥土地房屋征收中心原主任刘家友严重违纪违法案，深入开展以案促改、以案促治，督促职能部门先后调整优化棚改安置房源使用等8项工作流程，指导修订完善"三重一大"决策实施办法等15项制度，进一步规范集体决策、货币安置和产权调换等行为，确保征拆安置工作全过程"阳光透明"。

　　住房和城乡建设部门是棚改工作的牵头部门，天津市纪委监委驻市住建委纪检监察组全程参与驻在单位党委有关棚户区改造研究部署动员等工作，对组织协调指导全市各区棚户区改造工作跟进监督，持续强化重点岗位、关键人员全方位、多角度的日常监督。通过召开警示教育大会、开展廉政谈话、签订承诺书等多种形式，自觉接受群众监督，及时整改问题。

　　与棚改同步进行的，还有老旧小区改造工程。河东区纪委监委印发《关于开展河东区老旧小区改造工程项目的监督检查实施方案》，从源头监督、过程监督、后续监督三个层面制定20项具体监督检查内容。在此基础上，充分发挥"大脚板、小板凳"作用，依托社区纪检监察工作联络站建立"百姓说事议事"制度，广泛收集基层一线信息，将群众所思、所盼、所忧、所急作为监督"发力点"。截至目前，已收到意见建议30余条，推动解决老旧小区改造3方面22个重点隐患问题。同时，该区纪委监委督促区住建委与区民政局联合制定进一步加强老旧小区长效管理工作的实施方案，推动形成常态长效机制。

"下一步，我们将认真贯彻落实二十届中央纪委二次全会精神，持续督促职能单位扛紧扛牢棚户区和老旧小区改造责任，扎实开展专项监督'点题整治'，确保项目廉洁高效顺利实施。"天津市纪委监委相关负责人表示。

（原载于 2023 年 2 月 8 日《中国纪检监察报》第 1 版，
记者王鹏志）

七

乡村振兴
全面推进行动

实施乡村振兴战略，是党中央作出的重大决策部署，是全面建设社会主义现代化国家的重大历史任务，是新时代"三农"工作的总抓手。党的二十大报告指出，"全面建设社会主义现代化国家，最艰巨最繁重的任务仍然在农村。坚持农业农村优先发展，坚持城乡融合发展，畅通城乡要素流动。加快建设农业强国，扎实推动乡村产业、人才、文化、生态、组织振兴"。

　　全面推进乡村振兴是一项系统工程。实施乡村振兴全面推进行动，统筹部署、协同推进乡村产业、人才、文化、生态、组织振兴，不断提升农业农村现代化水平，建设宜居宜业和美乡村。突出粮食安全这一"国之大者"，为保障粮食和重要农产品稳定安全供给作贡献。突出农业高质高效这一重点任务，牢牢把握现代都市型农业的发展方向，着力做好"土特产"文章，推动乡村产业全链条升级。突出乡村宜居宜业这一重要目标，着力打造和美乡村。突出农民富裕富足这一根本目的，推动共同富裕取得实质性进展。稳扎稳打、久久为功，到2027年，天津的农业农村现代化建设水平走在全国前列。

开启全面推进乡村振兴新征程
——"乡村振兴全面推进行动"调研

"全面建设社会主义现代化国家，最艰巨最繁重的任务仍然在农村。"党的二十大对全面推进乡村振兴作出了部署，天津实施乡村振兴全面推进行动，扎实推动乡村产业、人才、文化、生态、组织全面振兴，为建设供给保障强、科技装备强、经营体系强、产业韧性强、竞争能力强的农业强国贡献天津力量。

一、明确行动方案，落实见行见效

2023年2月，《天津市乡村振兴全面推进行动方案》正式出台，乡村全面振兴的蓝图细化为"施工图"和"任务书"。《方案》明确了今后5年天津推进乡村全面振兴的工作目标、重点任务和保障措施，提出到2027年农业农村现代化建设水平走在全国前列总目标，确定了5个方面、18 项工程、133 项重点任务的行动路线，即守牢粮食安全和"菜篮子"重要农产品稳产保供这条底线，夯实耕地、种业、科技、生态四个基础，突出培优"土特产"和发展乡村旅游两个抓手，把握乡村规划、乡村发展、乡村建设、乡村治理、乡风文明、对外支援合作六个重点，强化党的领导、政策支持、农村改革、人才引育、基层组织五个保障。对标发展目标，落实重点工程，创新政策机制，天津乡村全面振兴的美好画卷徐徐展开。

（一）夯实基础保安全

确保耕地规模和质量，保障粮食等重要农产品供给，始终是天津全面推进"三农"工作和乡村振兴的首要任务。按照"三区三线"划定成果，科学谋划高标准农田建设工作，通过整合各类农业项目、创新融资机制、引导社会资本等方式，增加建设投入，逐步达到亩均投入 3000 元的目标。进一步加大对耕地深松作业支持力度，2023 年天津计划实施耕地深松作业任务 45 万亩，较 2022 年增加 50%。

聚焦"稳粮食、扩大豆、提单产"目标发力，天津主动提高粮食大豆油料等生产目标，其中粮食目标比国家下达的任务提高了近 10 万亩。2023 年以来，天津各级农业农村部门扎实开展春耕备耕工作，1—2 月共申请补贴农机具 4000 余台，受益农户 2200 余户；154.5 万亩冬小麦顺利越冬，春小麦播种任务基本完成。从 4 月起，全市 100 万亩小站稻开始大面积育秧，为确保全年粮食丰收奠定了坚实基础。

（二）振兴种业谋升级

种子是农业的"芯片"。近年来，随着科技投入的不断加大，天津农业品种和品牌快速崛起，形成了一批优秀的育种研发团队和种业企业，种业科研水平国内领先。《天津市种业振兴行动实施方案》颁布以来，全市10个涉农区农作物种质资源普查和2610家养殖场畜禽水产种质资源普查全部完成。天津农作物种质资源库、鲤鲫鱼水产种质资源场建成并投入使用。审定登记农作物新品种1151个，获得植物新品种授权的品种166个。国家级畜禽核心育种场达到4家，天津德瑞特种业有限公司、天津奥群牧业有限公司、天津市换新水产良种场3家种业企业入选"破难题、补短板、强优势"国家种业阵型企业名单。小站稻品种选育技术实现新突破，黄瓜品种推广面积占全国华北型品种面积的70%以上，花椰菜杂交品种打破依赖进口局面并出口巴基斯坦等国家，肉羊种源推广覆盖全国主产区，鲤鲫鱼新品种占全国选育品种的近20%。

深入贯彻习近平总书记提出的"下决心把民族种业搞上去"等重

天津市农作物种质资源库

要指示批示精神，落实党的二十大提出的加快建设农业强国目标要求，2023 年 3 月，"2023 年天津国际种业博览会""第十四届中国国际种业博览会""第十九届全国种子信息交流与产品交易会""2023 年中国天津种业振兴大会"四场会议在天津同时举办，集中展示了种业创新取得的主要成果和最新科研进展。大会以"兴种稳粮保安全、固本强基促振兴"为主题，共举办开幕式、全国省级种子站长会、推进种业振兴信息发布会、种业投资说明会四场活动，组织生物育种产业化、种子价值提升、种业保险等八场主题论坛，并首次集中举办小麦、玉米、水稻等近三十项农作物种业科研成果展。大会期间，天津市人民政府与中国农业大学签署战略合作框架协议，双方将重点围绕产学研融合、人才培养、战略咨询等方面开展全方位合作。依托大会的聚合和辐射作用，天津将持续不断为实现国家种业科技自立自强、种源自主可控作出新贡献。

（三）围绕产业做文章

以农业高质量发展和全产业链建设为代表的现代都市型农业升级版建设取得新进展。2023 年以来，为进一步深化构建现代都市型农业生产体系、产业体系、经营体系，积极谋划将天津"土特产"培育成为"大产业"，市级农业部门着重研究乡村产业升级发展规划，制定小站稻产业提升规划，明确了乡村产业升级目标与路径，提出在全市构建"优势产业 + 特色产业 + 休闲农业"的产业发展格局，计划建成小站稻、蔬菜、畜牧、水产 4 条百亿元全产业链。2023 年 4 月，经农业农村部、财政部批准，天津市小站稻产业集群入选优势特色产业集群建设名单，蓟州区上仓镇入选农业产业强镇创建名单。经农业农村部批准，蓟州区桑梓镇、静海区良王庄乡罗阁庄村入选第十二批全国"一村一品"示范村镇名单，北辰区青光镇韩家墅村、滨海新区杨家泊镇付庄村入选2022年全国乡村特色产业产值超亿元村名单。

发展乡村旅游是助力乡村振兴、带动农民增收的重要途径。2023年天津《政府工作报告》中明确提出要做优做强都市休闲农业和乡村旅游业，乡村旅游提级成为天津乡村振兴全面推进的重要抓手。目前，《天津市乡村旅游发展规划（2023—2027年）》正在制定中，以"大美津郊"为主题，"全域全季跨界"的乡村旅游时空格局和目的地体系加快构建。2023年3月13日，天津市乡村振兴全面推进行动暨乡村旅游提级工程现场观摩推动会在蓟州区召开，提出要突出规划引领，坚持因地制宜、立足实际、市场主导，努力实现发展业态、设施建设、服务标准、场景设计、农旅融合上的新提升，全力走出一条现代化大都市乡村旅游产业发展之路。2023年一季度，全市乡村旅游迎来蓬勃发展，新增北辰区、蓟州区、静海区、西青区、滨海新区等多条"乡村四时好风光"系列全国乡村旅游精品线路，发布6条春季主题津郊休闲旅游线路，"天津乡村全域旅游消费季启动仪式暨第十八届盘山开山节"盛大开幕，"花开静海"大运河文化旅游节、"春江花月宴"宁河区春季全域旅游暨首届花灯艺术节等节庆活动纷纷开启，乡村旅游正逐步成为地区新的经济增长点。

（四）聚焦重点创模式

乡村振兴示范村创建和扶持经济薄弱村发展，是天津全面推进乡村振兴的两项重要任务。2022年以来，各涉农区、市有关部门坚持"抓两头、促中间"的总体思路，以两类村庄为重点，在壮大集体经济、促进农民增收、提升治理能力、建设美丽村庄、推进共同富裕等方面探索路径，打造天津乡村振兴模式，带动全市乡村全面振兴。经过多方共同努力，各派出单位积极发挥自身优势，争取更多资源助力示范创建村和经济薄弱村发展，以建设美丽田园、美丽村庄、美丽庭院和壮大集体经济为抓手，明确示范创建项目和产业扶持项目，扶持发展工作取得了阶段性成果，全市已认定10个乡村振兴示范村。

围绕乡村振兴示范村创建，市农业农村委、工商银行天津市分行共同组织"百师进百村"活动，来自市内高校、科研院所、规划设计部门等单位的116个"百师"团队与全市百个乡村振兴示范村签订了合作协议，开展特色营造活动。活动立足村庄实际，在深入研究、分析、挖掘的基础上，提出具有创新性、前瞻性、可操作性的策划方案，为乡村振兴发展提供了多角度思路支撑。同时，开展乡村振兴优秀典型案例征集、汇编与评选活动，全市涌现出一批党建引领型、产业延伸型、资源挖掘型、多元投入型、科技助力型、教育赋能型、农旅融合型、金融支持型、治理改善型、企业参与型、设施提升型等乡村振兴模式，为推进乡村全面振兴打下了坚实的基础。

（五）招商引资增活力

为保障乡村全面振兴顺利推进，破解乡村发展的瓶颈问题，市级有关部门深入研究解决对策，制定招商引资创新政策，为乡村振兴保驾护航。市乡村产业振兴专项推动组面向各市级部门成员单位，征集农业招商引资和服务涉农企业相关政策，共编纂印发四期《天津市农业招商引资和服务涉农企业政策汇编》，服务全市涉农企业及时了解政策；制定出台《天津市乡村产业招商引资工作方案》，锚定主导产业、特色产业、乡村服务业以及新产业新业态开展招商引资工作，推动形成"对接洽谈一批、注册落地一批、开工建设一批、跟踪服务一批"的良性循环机制；梳理形成《天津市乡村产业招商引资项目库》《天津市乡村产业招商引资资源库》《天津市乡村产业招商对外推介信息库》，积极借力各大平台推动专题招商活动。截至2023年3月底，招商引资项目库中已有10个项目，涉及种植业、渔业、休闲农业和乡村旅游、现代农业服务业等多种类型乡村产业。

积极开展对外交流工作，将天津的好资源、好项目最大限度地向外界宣传。赴江苏、浙江两省开展乡村产业专题调研与招商活动，主动宣传介绍天津优势和支持政策。市农业农村委邀请京东集团来津调研水产品电商销售，共谋合作发展；组织邀请各大金融机构走访涉农企业，帮助企业纾困解难；组织22家农业企业、农民专业合作社参加"2023年天津土特农产品产销对接会"，助力企业发展。未来，还将邀请知名企业和科研院所来津，在现代种养殖业、农产品加工和现代仓储物流、畜禽育种、小城镇建设等方面，考察投资环境，深化双方合作机制，洽谈形成合作意向，谋划储备一批大项目、好项目，做好落地服务。

（六）党建引领促振兴

在乡村振兴的道路上，天津严格落实乡村振兴责任制和"五级书记"抓乡村振兴重要要求，不断探索党建引领创新发展之路，建立起"党建网格＋积分制"的基层治理模式，不仅按下乡村振兴的"快进键"，也激发出乡村振兴的"新动能"。全市分三批共招募3353名农村专职党务工作者，为农村地区引入青年人才，注入新的发展活力。全市乡村打造共建共治共享社会治理格局，健全网格员"九全"工作机制，夯实基础治理网底，做实做优基础网格，打通基层治理"最后一米"；积极推进积分制管理，根据各村情况创新积分清单项目，探索跨村服务积分等新模式。目前，全市已建成1个全国乡村治理示范镇、20个全国乡村治理示范村。

在实现党建引领乡村振兴的过程中，各村根据自身特点探索出不同的治理新机制，涌现出如武清区大碱厂镇"党建引领＋农户自愿＋企业经营"的土地托管服务模式，北辰区青光镇韩家墅村"党建引领＋现代企业"、宝坻区周良街道樊庄子村"党建引领＋生态旅游"、蓟州区穿芳峪镇东水厂村"党建引领＋民宿打造"、滨海新区中塘镇南台村"党建引领＋社会团体"、武清区南蔡村镇丁家瞿村"党建引领＋现代农业"、西青区辛口镇第六埠村"党建引领＋特色产业"等一批独具特色的党建引领乡村振兴模式。

二、站在新的起点，机遇挑战并存

全面推进乡村振兴，加快农业农村现代化，扎实推进乡村发展、乡村建设、乡村治理等重点工作，加快建设农业强国，建设宜居宜业和美乡村，将为全面建设社会主义现代化国家开好局起好步打下坚实基础。站在新的起点，天津高质量推进乡村振兴迎来良好的机遇，也面临着挑战。

（一）发展机遇方面

一是坚持农业农村优先发展政策定位，确保高质量推进乡村振兴政策支持力度不减，既保障了高质量推进乡村振兴的资金投入，又有利于推动高素质人才持续向乡村流动。天津在落实国家政策的前提下，制定出台多项惠农利农扶持政策，为新型农业经营主体和各类乡村人才提供良好政策环境。

二是巩固拓展脱贫攻坚成果，守住不发生规模性返贫底线，为高质量推进乡村振兴构筑了强基固本的稳定性保障。天津持续推动东西部协作及支援合作地区发展，巩固拓展脱贫攻坚成果同乡村振兴有机衔接。精准扶持全市 800 个经济薄弱村，精心创建 100 个乡村振兴示范村，推动共同富裕取得实质性进展。

三是积极稳妥实施"双碳"战略，为高质量乡村振兴转型指明了方向、提供了行动指南。"双碳"目标的提出并上升为国家战略，推动乡村产业实现绿色低碳发展、高质量发展，为天津农村着力形成资源节约和保护环境的产业结构提供了基础，为加快培育符合新时代绿色低碳发展要求的乡村人才创造环境。

四是构建新发展格局，为高质量推进乡村振兴聚力提效确定了发展模式及路径。天津要用好京津冀协同发展、乡村振兴战略、"一带一路"建设等多重机遇叠加优势，积极突破城乡生产要素自由流动的体制机制壁垒，构建现代乡村发展体系，满足农民群众日益增长的美好生活需要。

（二）面临挑战方面

一是高质量发展对统筹部署、协同推进乡村产业、人才、文化、生态、组织振兴提出更高要求。必须突出农业高质高效这一重点任务，发挥天津独有优势，着力打造现代都市型农业升级版，推动乡村产业全链条升级；必须突出乡村宜居宜业这一重要目标，着力打造和美乡村，大力实施乡村振兴全面推进行动。

二是国际形势变化对全球粮食安全形成冲击，守住粮食安全底线

津南区小站镇"稻香源"千亩稻田展示区

的任务更加艰巨。必须突出粮食安全这一"国之大者"，千方百计稳定粮食播种面积、提升粮食产能，从严从实加强耕地保护，为保障粮食和重要农产品稳定安全供给作贡献。

三是提升特色产业质量、效益和竞争能力是产业振兴的迫切要求。要把握现代都市型农业的发展方向，着力做好"土特产"文章，坚持以现代化理念取胜、以都市型特色取胜、以品质取胜、以科技创新取胜、以新业态取胜、以综合效益取胜、以新体制取胜，推动农业"接二连三"、农村一二三产业融合发展。

三、明确发展方向，推进乡村振兴

（一）明确三大目标

一是现代都市型农业发展高质高效。粮食和重要农产品生产量稳质优，成为国家种业科技创新和产业发展重要基地，一二三产业融合的现代农业体系更加健全，农文旅融合发展的乡村产业格局有序建设。二是宜居宜业和美乡村建设扎实推进。农村卫生厕所普及率、生活垃圾无害化处理率、生活污水处理设施规范运行率进一步提升，教育、医疗、养老等基本公共服务水平稳步提升，农村精神文明建设水平迈上新台阶。三是城乡共同富裕水平巩固提升。农村集体经济实力整体大幅度提升，农村居民人均可支配收入保持全国前列，城乡收入比处于全国领先水平。

（二）落实五项任务

紧紧围绕现代化大都市"三农"工作定位，深入挖掘利用乡村发展空间，突出现代化理念、都市型特色、品种品质品牌、科技创新、新业态新体制和综合效益，探索形成具有天津特色的高质量乡村振兴创新发展之路，以全面推进乡村振兴之为助力社会主义现代化大都市建设。下一阶段，将在以下方面持续发力。

一是严守耕地保护红线，夯实农业发展基础。落实耕地保护党政同责，加强用途管制，大力建设稳产高产旱涝保收农田，提高耕地支撑农业发展能力。二是做优现代都市型农业，确保粮食和重要农产品稳定安全供给。落实国家新一轮千亿斤粮食产能提升行动部署，突出发展品质农业、精致农业。三是激活乡村内生动力，加快推进村强民富。深化农村三次产业融合，壮大新型农村集体经济，稳定增加农民收入，扎实促进共同富裕。四是聚焦提升现代生活水平，建设宜居宜业和美乡村。加快提升基础设施完备度、公共服务便利度、人居环境舒适度，促进城乡融合发展，加强乡村风貌引导，留住乡风乡韵乡愁，实现乡村由表及里、形神兼备的全面提升。五是巩固拓展脱贫攻坚成果，助力受援地区乡村全面振兴。统筹推进东西部协作、对口支援、对口合作、对口协作、对口帮扶任务，助力受援地区激发内生动力。

（三）创新五项举措

一是提高"政治三力"，强化职责使命。提高政治判断力，深刻领会党中央关于全面推进乡村振兴的重大决策部署，锚定建设农业强国目标，切实抓好农业农村工作。提高政治领悟力，深刻领会、坚决落实市委、市政府贯彻落实党的二十大精神决策部署。提高政治执行力，深刻领会推动全市"三农"发展的职责使命，发挥市农业主管部门的牵头作用，统筹调动好涉农区和市有关部门的积极性，用足用好政策，形成推进天津农业农村现代化进程的强大合力，确保完成各项目标任务。

二是创新政策机制，强化支持保障。落实中央要求，在土地利用年度计划市级统筹指标中预留5%的新增建设用地指标，用于保障农业农村发展。坚持把农业农村作为一般公共预算优先保障领域，积极争取中央政策与项目支持，充分发挥海河产业基金乡村振兴母基金作用，加快构建多元投入格局。严格落实土地出让收益用于农业农村比例要求。鼓励符合条件的乡村振兴项目积极申报专项债券。鼓励各涉农区建强用好乡村振兴发展服务平台。

三是深挖乡村价值，强化产业基础。大力培育新产业新业态新模式，延伸产业链，提升价值链，拓展农业增值增效空间。向开发农业多种功能，挖掘乡村多元价值要效益，向一二三产业融合发展要效益，推动一产"接二连三"，贯通产加销，融合农文旅，打造一批乡土特色鲜明、主导产业突出、质量效益较高的乡村产业集群。开展精深加工，推动农业由卖原产品向卖制成品转变，提高产品附加值。发展农村电商、冷链物流、乡村旅游、休闲农业、文化体验、健康养老等，挖掘乡村文化内涵，坚持以文塑旅、以旅彰文，实现乡村经济多元化。

四是加强招商引资，强化项目支撑。加大乡村产业招商力度，建立农业农村领域招商引资"月通报、季督促、年考核"工作机制，强化市级部门协同联动，压实属地招商引资责任。围绕重点产业链，着力引进强链、补链、延链项目，推动产业链和产业集群发展。对接沟通承接北京非首都功能疏解事宜，谋划储备一批大项目、好项目。依托天津市重大项目智慧管理平台，聚焦产业融合、平台建设、试点示范等重点支持方向，统筹做好跟踪监测工作。

五是调动社会力量，营造浓厚氛围。发挥各级工会、共青团、妇联等群团组织作用，鼓励支持各民主党派、工商联和无党派人士发挥自身优势，共同促进乡村振兴。激发广大农民群众参与乡村振兴、建设美好家园的积极性、主动性、创造性。强化宣传引导，选树乡村振兴先进典型，大力营造全面推进乡村振兴的浓厚氛围。

（天津农科院课题组：史佳林、李瑾、孙国兴、王锐、金天明、李金田）

致富稻，幸福稻

一

　　走进天津市津南区小站镇会馆村"小站稻"种植区，600多亩水稻，沉甸甸的稻粒压弯穗头，清风吹拂，香气袭人。2200多米的木制栈道蜿蜒伸向稻田深处，村民们带领着来自各地的游客漫步栈道，如在金色的波涛里行走。

　　"小站稻"是清代淮军统领周盛传率部在津南小站地区屯垦开发生产的优质粳米。会馆村位于马厂减河南岸，是当年周盛传阅兵和开会的场所，会馆村因此得名。

　　2022年9月23日，正值秋分，天津市中国农民丰收节的主会场设在会馆村。开幕时，会馆村"小站稻"种植区里一派丰收和欢庆的景象！

　　登上9米高的瞭望塔北望，绿色的、红色的、浅绿色的、黄色的和紫色的"彩稻"，组成一幅绚丽的画卷。

　　近一个半世纪的春种秋收，"小站稻耕文化"已经深深植根在当地稻农的心中。当地民俗俚语常常打上"小站稻"的印记："小站稻"

金不换，一家焖饭满街香……

会馆村党支部书记、57 岁的郑加林，14 岁时就跟着母亲学会了插秧，唱着“小站稻”挠秧号子在稻田里干活。那时候，马厂减河引来的是南运河的水，水含腐殖质，种稻味道香。可是从上世纪 70 年代末开始，马厂减河的水变少了，污染严重了，不能种水稻了，“小站稻”从此销声匿迹。

2016 年底，郑加林在村两委班子会上提出一个大胆的想法：把闲置的土地利用起来，恢复种植“小站稻”。有人听了直摇头，列举诸多困难：“水稻水稻，没有水怎么种稻？还是种高粱玉米省心省事。”“种水稻好是好，可农田基本建设得从头再来，挖水渠建闸涵，平整土地，咱手里哪有这么多钱？”“几十年不种水稻了，手艺都失传了，谁还会插秧呀？”

郑加林说，复种“小站稻”，困难是不少，可大家想过没有，农民不种地，天大的理由也说不过去。要种就种“小站稻”，一亩水稻的收入比得上 5 亩高粱。再说老祖宗留下的手艺不能在我们手里丢了呀。马厂减河的水不能用，就用村里闲置的两口机井的水。挖渠平整土地是不容易，但村里有的是壮劳力。至于资金困难，向镇里请示帮个忙。一开始投入是多一点，但以后年年都会有收益。

郑加林一席话说得大家点头称是，但他没有急于拍板。郑加林知道，复种“小站稻”，没有村民的广泛参与和支持是干不成的。第二天，他主持召开村民大会，把决定权交给群众。意想不到的是，听说复种“小站稻”，许多村民举双手赞成！一些老稻农对“小站稻”更有感情，他们跟郑加林说："农田种植现在都机械化了，不需要多少劳动力，我们把日常田间管理管起来就行！"这让郑加林十分感动。

郑加林又向镇领导汇报，并立卜"军令状"："第一年试种300亩，种不出'小站稻'，我宁愿辞职！"镇领导支持他，还在资金上给了帮助。

2017年春节刚过，地皮还残留着冰碴，郑加林带领的农田基本建设队伍就行动起来了。他们先是把村里的两个坑塘清淤、加深，面积一共有50多亩，为的是把机井水抽出来软化，还可以收集雨水。

紧接着，开挖灌水渠和排水渠，又是一个多月苦战，开的水渠长达8000多米，可以围着村子绕好几圈。

然后是平整土地。耕地好办，稍加整理即可，可有90亩闲散地是村民的老房台，高低不平，还特别硬。"小站稻"秧田标准相当高，几百亩地高低误差不能超过10厘米，否则插秧机无法工作。这个活儿凭力气干不来，肉眼也看不出来。郑加林就找来一台挖掘机和一台激光平地机参战。他还不放心，每天举着个水平尺，跟在机器后面检查验收。春寒料峭，他却跑得浑身是汗。

2017年秋天，第一年试种的300亩"小站稻"喜获丰收，亩产1000多斤。村民们吃上久违了的"小站稻"。70多岁的老稻农郝文成说，他家分了4亩责任田，以前不是种棒子就是耩高粱，靠天赏粮，苗都出不齐。如今吃上"小站稻"，日子都香喷喷的。

随着"绿水青山就是金山银山"理念的深入人心，一些散乱污作坊企业被关停，马厂减河的水质也越来越好了。2022年会馆村"小站稻"种植面积达600多亩，亩产1100斤，村民人均年收入2.8万元。

谈到"小站稻"的发展，郑加林信心十足："新的一年我们计划建民宿，修观光小火车，把'小站稻'种植区建设成一个农业观光园，把稻耕文化和乡村旅游融为一体。现在每天来会馆村的游客很多，以后来观光的人还会更多。我们要让人们在吃上'小站稻'的同时，体味浓浓的稻耕文化。"

百年沧桑、风姿绰约的"小站稻"，如今不仅成为会馆村手里紧紧端着的"饭碗"，而且实现了"小站稻"单一种植到农旅结合的华丽转身。

二

天刚亮，苏利军每天必做的第一件事，就是到村委会的会议室，打开"数字化农业智能检测监测系统"的大屏幕。屏幕中，全村1900亩"小站稻"的身姿和生长环境尽收眼底。

正营村每一块稻田里都埋着数字感应器的探头，田埂上立着多功能气象站的采集器和监控镜头。风力、风向、风速、土壤水分以及水的盐碱度等数据，准确无误地"写"进大屏幕。苏利军把数据一一记入笔记本，仍不放心，还要骑上电动自行车，到每一块田里实地查看。全村的"小站稻"分布在村边6个地块，最远的那块地有400亩，距离村子将近6里地。苏利军从头到尾查看一遍，需要两个多钟头的时间。

苏利军是天津市津南区北闸口镇正营村党总支书记、村股份经济合作社理事长。他已养成习惯，每天要是不下地看一看"小站稻"的模样，摸一摸"小站稻"的腰身，心里就不踏实。

这套数字化农业智能检测监测系统，是正营村"小站稻"实现集约化、机械化、数字化、精品化种植的一步新棋。设备是2022年插秩时安装的，投资 20 多万元，只要连上网络信号，拿着手机在哪里都能看见村里的"小站稻"。

2019 年，正营村成立股份经济合作社，目的是把村民手里的土地集中起来，聚小田成大田，恢复种植"小站稻"。他们吸收村民入股，按土地、人口和户籍性质核定股份。1432 户村民，持股 13997 份，土地使用权不变，由合作社统一经营管理。

2020 年，头一年恢复种植的"小站稻"就大获丰收，亩产达到 1000 多斤，村民们每股分得稻谷 90 斤，每人按 4 股计算一共 360 斤，碾米 250 斤，折合人民币 1120 元，是流转收入 180 元的 6 倍多。村民们高兴地说："'小站稻'是咱的幸福稻啊！"

2021 年北闸口镇举办"稻香节"，正营村"小站稻"种得多种得好，"稻香节"主会场就设在正营村。人们在田边搭起一个临时舞台，村民们穿着节日的盛装载歌载舞。这样还未尽兴，人们手拉手肩并肩，走到金灿灿的稻田边，唱着跳着，陶醉在丰收的喜悦里。

正营村党群服务中心的院子很大，运来的一车车稻谷堆成了山，装载车还在不断地加高谷堆。人们把稻谷装满一个个麻袋，过了秤，封了口，有几辆农用三轮车，专门把一袋袋稻谷挨家挨户送到村民家里，这是他们按股份得到的丰收果实。

看着村民们喜悦的神情，苏利军心里酝酿着一个新的计划。

2021 年初，苏利军主持召开股份经济合作社理事会，提出开发种植精品"小站稻"的想法。他说，咱村的土地面积有限，这是没法改变的。但我们可以"藏粮于技"，提高经济效益。过去人们盼着"吃饱"，现在呢，人们希望"吃好"。生产精品"小站稻"是我们村实现乡村振兴的新目标。

大家点头称是，也有的投来疑惑的眼神。这精品"小站稻"，到底怎么个"精"法呢？苏利军告诉大家，这可有严格的标准。选优地、用优肥、育优种、浇优水，连包装都是无公害材料。也就是说，精品"小站稻"从孕育到出生，从吃喝穿戴到"长大出嫁"，四个字：环保、绿色；一句话：让"小站稻"脱胎换骨，焕发新生机！

他们下的功夫可真叫大！先是选地块，土地水平如镜，地块得风近水，土壤毫无残毒，最后在村委会东侧选定了 200 亩。精耕细作，绝不施化肥，底肥用鸡粪、猪粪和豆饼等有机肥；追肥呢，从内蒙古买来生物液体菌肥，每亩每次 160 斤，随水浇灌，绝对环保。每天检测一次水质，盐碱度不可超标，稍有变化，立即用软化的机井水稀释。种好稻必须有好种，他们和天津农科院水稻研究所签订共建协议，引进优良品种，研究所提供技术支持。合作社还聘请了本村两位水稻种植能手担任技术顾问，每个环节严格把关，按标准执行。

2022 年 10 月，精品"小站稻"喜获丰收，亩产 1000 斤。苏利军拿着两个稻穗，一大一小，大的 200 粒左右，小的 160 粒上下，粒粒饱满，色如黄金。他告诉大家，小的就是精品"小站稻"，产量略低，但品质高，可谓浓缩的就是精华。

三

辛庄镇白塘口村二赵河畔，草绿水清，水稻扬花。

即将成熟的"小站稻"，在风中摇曳。浅浅的水田里似乎风平浪静，殊不知，这里面潜伏着"千军万马"。这些精灵只有在两个时候才肯抛头露面：一个是傍晚，管理员喂食的时候，霎时间蜂拥而至、你抢我夺；再一个是皓月当空之时，它们成群结队地爬上田埂或伏在水边，不断吹着泡泡……

它们就是稻田蟹。

50多岁的王玉春祖祖辈辈种植水稻。前些年，村民们有的下海经商，有的进厂打工，还有的跑起了网约车，王玉春却喜欢农业生产，从小不怕吃苦受累，主动找村里承包了150亩闲散地块，种植起了"小站稻"。他买来两个大集装箱摆在二趟河边，一个住人，生活用具一应俱全；一个当仓库，农具、稻种、肥料摆放整齐。两个集装箱之间搭了个凉棚，把家里的一套桌椅拉来权当餐厅。孩子已经考上大学，吃住都在学校，不用他和老伴操心。夫妻俩打点行装，告别舒适的楼房，吃住都在集装箱里，专心种植"小站稻"。

这些年风调雨顺，他们的"小站稻"年年丰收。王玉春还是不过瘾，他听说稻田可以养鱼、养蟹，搞立体经营，心里就一直发痒。老辈人能在盐碱地里种出水稻，我们新时代的农民更不能落后，一定要干出个好样子来！他和老伴商量，能不能在稻田里养河蟹呢？这不仅可以增加收入，还可以让天津人吃上自己养的河蟹。

2017年小满节气，有的地方还没来得及复种"小站稻"，王玉春就开始在稻田里养蟹了。头一年养蟹没有经验，他试养了60亩，花1万块钱买了500斤蟹苗，一下子都放进去了。天天喂河蟹，却看不见河蟹吃食，到了秋天，才收获100多斤河蟹，赔了本。他向区农业技术中心请教，原来是蟹苗放得太多了。

第二年，他专门到宁河区河蟹繁育基地参观学习，还购买有关河蟹养殖的书，在实践中摸索经验，养殖技术越来越成熟。河蟹的生长要经历蚤状幼体、大眼幼体、扣蟹和成蟹几个阶段。水稻立夏时插秧，小满时放蟹苗，1斤蟹苗60多只扣蟹，1亩地放5斤蟹苗就可以了。扣蟹在稻田生活130天左右，脱壳四五次，脱一次壳长大一圈，国庆节前后，水稻收割之前，河蟹长到三四两重，就可以捕捞了。

河蟹的习性是昼伏夜出。王玉春不怕辛苦，每天夜里借着月光观察河蟹的生活规律，确定了喂食时间：傍晚和皓月当空的时候。喂的食料也讲究，主食是煮熟了的玉米粒和泥鳅等，副食是田里的腐殖质、蠕虫、昆虫及小鱼虾。煮熟的玉米粒，可使蟹黄醇厚；泥鳅可使蟹肉筋道，味道鲜美。

王玉春把一个稻田蟹脱壳的视频发给我看，软绵绵的身躯，硬是从铁壳般的盔甲里全须全尾地退出来，即刻在水田里奔跑，真是神奇！

稻田蟹生活在稻田里，或贴着田泥爬，或在稻丛中穿行，磨出了一身铁甲，蟹爪也坚硬有力。水稻为稻田蟹提供了丰富的"天然食品"，稻田蟹又以自身的生存为水稻贴上绿色生态的标签，优势互补，品质提升，既增加了种养经济效益，又拓宽了乡村振兴的道路。

2022年，王玉春的"小站稻"亩产达到1100斤，每亩还收获稻田蟹50多斤，每斤稻田蟹的市场价在40元左右，又是一个"丰收年"哩。

他高兴地说，"小站稻"真是我们的致富稻与幸福稻啊！

（原载于2023年1月30日《人民日报》第20版，

记者高林有）

八

绿色低碳
发展行动

站在人与自然和谐共生的高度谋划发展，加快发展方式绿色转型，必须坚持不懈推动绿色低碳发展，加快形成绿色低碳的生产方式和生活方式。党的二十大报告指出，"推动经济社会发展绿色化、低碳化是实现高质量发展的关键环节"，"我们要推进美丽中国建设，坚持山水林田湖草沙一体化保护和系统治理，统筹产业结构调整、污染治理、生态保护、应对气候变化，协同推进降碳、减污、扩绿、增长，推进生态优先、节约集约、绿色低碳发展"。

　　绿色低碳发展是高质量发展的鲜明特征，是高质量发展的必然要求。实施绿色低碳发展行动，就是要深入贯彻落实习近平生态文明思想，牢固树立和践行"绿水青山就是金山银山"理念，坚定不移走生态优先、绿色低碳发展之路，打好蓝天、碧水、净土保卫战，推进山水林田湖草沙一体化保护和修复，提升生态环境治理效能。坚持产业生态化和生态产业化，统筹生产、生活、生态空间布局，推动经济社会发展全面绿色转型，实现生态效益、社会效益、经济效益相统一。

建设人与自然和谐共生的美丽天津
——"绿色低碳发展行动"调研

党的二十大报告明确提出"中国式现代化是人与自然和谐共生的现代化",并把"推动绿色发展,促进人与自然和谐共生"作为专章论述。实施绿色低碳发展行动,建设人与自然和谐共生的美丽天津,是贯彻落实党的二十大精神的重要举措,是不断实现人民对美好生活向往、全面建设社会主义现代化大都市、推进中国式现代化在天津扎实实践的必然要求。

一、推动绿色低碳发展的时代内涵

党的二十大报告指出,"我们要推进美丽中国建设,坚持山水林田湖草沙一体化保护和系统治理,统筹产业结构调整、污染治理、生态保护、应对气候变化,协同推进降碳、减污、扩绿、增长,推进生态优先、节约集约、绿色低碳发展"。建设美丽中国，既是全面建设社会主义现代化国家的应有之义和人民群众对优美生态环境的热切期盼，也是生态文明建设成效的集中体现。推动实施绿色低碳发展行动，对推动京津冀协同发展，全面建设社会主义现代化大都市，具有重要意义。

"生态环境问题归根到底是发展方式和生活方式问题。"推动经济社会发展绿色化、低碳化，是实现高质量发展的关键环节，是对生产方式、生活方式、思维方式和价值观念的全方位、革命性变革。实施绿色低碳发展行动，就是要以减污降碳协同增效为总抓手，聚焦经济运行整体好转，统筹"量"的合理增长和"质"的有效提升，推动经济社会发展绿色转型。

习近平总书记强调指出，"良好生态环境是最公平的公共产品，是最普惠的民生福祉"，"环境就是民生，青山就是美丽，蓝天也是幸福"。高水平的生态环境保护是建设人与自然和谐共生的现代化、推动高质量发展的应有之义。实施绿色低碳发展行动，就是要统筹好发展与保护的关系，既要保障好经济平稳运行和发展向好，也要守好生态环境底线，持续提升生态环境质量，推动经济高质量发展。

二、推动绿色低碳发展成效显著

天津市委、市政府坚持以习近平新时代中国特色社会主义思想为指导，统筹经济社会发展和生态环境保护，坚定不移走生态优先、绿色发展之路，扎实推进美丽天津建设，推动生态环境保护发生历史性、转折性、全局性变化。

（一）绿色低碳转型步履坚实

坚持生态优先、节约集约、绿色低碳的发展导向，全力推动经济社会发展全面绿色转型。重点行业企业绿色发展态势更稳，2023年3月，天津市政府发布《天津市石化化工产业高质量发展实施方案》，明确石化化工产业发展"坚守环保底线，提升产业绿色水平"。实施环保绩效分级管理，石化、平板玻璃行业企业达到国家环境绩效A级水平，指导火电、垃圾焚烧等重点行业企业提高生产灵活性。全面停止国Ⅲ及以下柴油货车集疏港，港作机械清洁化比例提高到60%，铁矿石铁路运输比例稳定保持在65%以上。深化"放管服"改革，生态环境政务服务事项全部实现"不见面、网上办"，制定重大项目环评审批服务清单，推进产业园区规划环评与项目环评联动改革、"打捆"审批，服务新天钢联合特钢、中芯国际等重点产业链、高水平项目顺利落地。积极争取国家支持，推动全市航空、船舶、数控机床、工程机械、通讯设备等领域保税维修再制造"政策升级"，打造资源再利用、产品再制造等新经济增长极。

（二）生态环境质量总体向好

坚持精准、科学、依法治污，高标准打好蓝天、碧水、净土三大保卫战，大气、水、近岸海域环境质量达到历年来最好水平。坚持"五控"治气，强化$PM_{2.5}$和臭氧协同治理。坚持"四措"治水、"三招"治海，强化陆海统筹，国控断面优良水体占比达到58.3%，劣Ⅴ类水体全面消除，近岸海域优良水质比例达到71.7%。海河（河北区段）入选全国"美丽河湖"优秀案例。坚持"两防"治土，强化土壤污染源头防控。实施农耕地周边涉镉等重金属企业排查整治行动，全市 1.72 万亩受污染耕地全部落实安全利用措施。加强建设用地全过程管控和安全利用，建立腾退地块优先监管清单，重点建设用地全部实现安全利用。加强农业农村污染防治，农村环境整治获评全国优秀。全域"无废城市"建设取得新进展，中心城区等 10 个片区被纳入国家"无废城市"建设试点。2022 年 12 月，市政府制定出台《新污染物治理工作方案》，启动新污染物治理行动，推进新污染物环境风险管理。

（三）生态系统稳定性不断提升

坚持山水林田湖海沙一体化保护和系统治理，多层次提升生态系统质量，全市生态系统质量整体趋于稳定，生态状况指数保持良好。强化生态保护监管，划定 1393.79 平方公里生态保护红线并实行严格保护，近 1/3 国土空间被划定为生态空间。高标准保护 875 平方公里湿地自然保护区，高水平建设 736 平方公里的双城间绿色生态屏障，屏障区内蓝绿空间占比超过 65%，严要求管控 153 公里海岸线。生物多样性保护成效凸显，据观测，北大港湿地候鸟种类增长 10%，鸟类数量增加 5 万只；七里海湿地鸟类数量增加 20 多万只，鸟类增至 250 种，消失了十几年的震旦鸦雀、中华攀雀等濒危鸟类又重回天津；2023 年春季以来，全市 4 个湿地自然保护区，过境候鸟总数超过 55 万只。生态创建再添硕果，津南区成功创建国家生态文明建设示范区，中新天津生态城获评"绿水青山就是金山银山"实践创新基地，天津港保税区获"生态文明建设示范区（生态工业园区）"称号，累计成功创建国家生态文明建设示范区 4 个、"绿水青山就是金山银山"实践创新基地 4 个。

（四）碳达峰碳中和稳妥推进

加快构建碳达峰碳中和"1+N"政策体系，出台国内首部以促进实现"双碳"目标为主旨的省级地方性法规。印发实施《天津市碳达峰实施方案》和 16 项重点领域达峰方案及支撑保障方案。稳妥有序压减低效燃煤，可再生能源装机规模达到 400 万千瓦。天津港北疆港区 C 段智能化集装箱码头建成全球首个"智慧零碳"码头。深化碳排

静海团泊湿地

放权交易市场建设，碳排放权交易总量、交易总额分列全国7个试点的第二、第三位。高位推动绿色金融改革创新试验区申建工作，出台绿色项目和绿色企业评估认定指南，全国首单"碳中和"资产支持票据、全市首支湿地保护主题绿色信托产品等20余项创新性绿色金融产品相继落地。积极推动示范创建工作，组织开展第一批6家低碳（近零碳排放）试点示范建设。

（五）环境治理效能显著提升

坚持改革创新，持续推进环境治理体系和治理能力现代化建设。一年制修定一部生态文明领域法规，累计制定修订8部生态环保法规，形成以生态环保条例为统领、7部单项法规为支撑的生态环境法规体系。落实环境信息依法披露制度改革，第一披露周期有1732家企事业单位依法披露环境信息。建立企业环境信用体系，1500余家企业被纳入信用评价范围。2023年2月，市政府出台《天津市重点污染物排放总量控制管理办法（试行）》，创新提出总量指标"先用后补""跨区调剂""差异化替代"，以有限的环境容量支撑更大体量、更高质量的经济发展。升级环境"领跑者"制度为绿色发展"领跑者"制度，激发企业内生动力，促进企业高端化、智能化、绿色化转型。建成全国中小学环境教育社会实践基地5个，市级和区级环境教育示范基地27个，推动建立生态文明建设"大宣教"格局。

三、推动绿色低碳发展面临的形势任务

天津大力推进绿色低碳发展，取得了显著成就。同时，与高质量

发展的要求、人民群众的期盼、美丽天津建设目标相比,仍需继续努力。

(一)结构性污染治理仍需加大力度

作为传统工业城市、港口城市,天津面临产业结构偏重化、能源结构偏煤炭、交通运输结构偏公路的发展现状。电力、钢铁、石化、化工等行业能耗占比近 80%,煤炭消费占能源消费总量比例近 33%,部分行业能耗偏高、污染强度偏大。天津经济社会发展呈现出高耗能、高排放的特征,推动经济社会发展全面绿色转型的任务艰巨、时间紧迫。

(二)生态环境质量改善基础仍需夯实

天津地处大气扩散条件差的京津冀区域、水资源开发利用强度大的海河流域、洋流活动弱的渤海湾湾底,叠加经济发展结构重、污染排放总量较大,水和大气主要污染物单位面积排放强度较高,持续改善生态环境质量面临双重约束。空气质量受气象条件的短期冲击极为明显,天津历史最好水平的 $PM_{2.5}$ 年均浓度(37 微克/立方米)仍比国家二级标准(35 微克/立方米)高 2 微克,相比全国地级及以上城市年平均值仍存在一定差距。资源型缺水和水质型缺水并存,河道径流短、自净能力差,水环境质量受汛期排涝影响大,优良水质比例与全国平均水平相比,依然存在较大差距。自然生态空间占比较低,地面沉降、物种减少等问题依然比较突出,侵占生态空间问题依然存在,生态系统质量和稳定性亟待提升。生态环境治理能力与先进省市相比存在一定差距,环境基础设施建设、运行仍存在短板弱项,环境治理监测监管、技术创新、数字赋能等支撑能力不强，在减污降碳协同增效方面缺乏技术集成、应用场景和试点示范。

（三）统筹经济发展和环境保护仍需努力

推进生态环境治理是一项系统工程，只有在多元目标中实现动态平衡，才能做到行稳致远。2023 年以来，天津经济运行整体好转，企业开足马力复工复产，经济运行处于快速回升发展状态。数据显示：1—2 月，全市规模以上工业增加值同比增长 1.5%，固定资产投资（不含农户）同比增长 3.4%，制造业和基础设施投资分别增长 32.1% 和 40.4%，同比分别提高 3.5% 和 5.4%。在经济快速复苏过程中，污染物排放有所增加，特别是今年气象条件相对不利，空气质量改善形势较为严峻。

（四）绿色低碳生产生活方式有待改善

在消费端，公众在日常生活中以绿色低碳为价值导向的社会氛围尚未形成。以垃圾分类为例，许多家庭有垃圾分类的意识，但实际行动没有跟上，垃圾分类投放还存在不规范现象。在供给端，受制于不够成熟的研发技术和较高的生产成本，绿色低碳产品有效供给不足。生态产品价值实现机制尚不健全，社会各界对生态产品及其价值实现的认识和理解还不到位，存在底数不清、价值核算不规范、价值实现渠道不顺畅、价值转化不充分等问题。

四、推动绿色低碳发展的建议举措

面对新形势、应对新挑战，我们必须保持战略定力，牢固树立绿水青山就是金山银山理念，坚持生态优先、绿色发展，协同推进降碳、减污、扩绿、增长，加快建立以产业生态化和生态产业化为主体的生态经济体系，建设人与自然和谐共生的美丽天津，切实把党的二十大作出的战略部署付诸行动、见诸实效。

（一）深度推进结构优化调整，推动产业生态化发展

聚焦发展方式绿色转型，坚持减污降碳协同增效，深入推进能源、产业、交通"三大结构"调整优化，全面推进碳达峰碳中和目标实现。

加快构建清洁低碳能源体系，着力打造能源革命先锋城市。在确保能源安全前提下，协调推进"减煤增气扩电"，把好新上耗煤项目关口。加快风能、太阳能、生物质能、地热能等可再生能源开发利用，拓宽消纳途径，鼓励可再生能源电力制氢、制冷、

我国最大单体"盐光互补"光伏项目——滨海新区华电海晶光伏项目建设现场

供热等，实现可再生能源就近转化利用。稳步推进氢能产业发展和推广应用。统筹液化天然气（LNG）冷能资源，创建北方地区LNG冷能综合利用示范基地。

推动产业结构优化升级，打造绿色制造强市。加快传统优势产业转型升级，强化单位GDP碳排放、污染排放强度约束，强化清洁生产审核、环境绩效评级，引领推动重点行业、工业园区绿色化、低碳化转型。评选发布绿色发展"领跑者"企业，激发企业减污降碳、节能减排内生动力。积极培育壮大节能环保战略性新兴产业。

加快建设绿色智慧港口，构建绿色低碳交通运输体系。加快推动铁路专用线建设，持续挖掘"公转铁"提升空间，提高大宗货物铁路线接入比例。大力推广新能源汽车使用，持续推进绿色续航行动，探索太阳能光伏在高速公路沿线设施应用。

（二）坚持精准科学依法治污，提升环境治理水平

坚持精准治污、科学治污、依法治污，强化多污染物协同控制和区域协同治理，突出新思路、新方法、新措施，高标准持续深入打好蓝天、碧水、净土保卫战。

精准治污，关键在于追根溯源，统筹施策。准确识别污染问题及其成因，明确污染治理对象。充分发挥在线监测、工况用电、高架视频、重型柴油货车等数据监控平台作用，综合运用卫星遥感、走航监测、无人机巡查、红外成像等技术手段进行污染溯源，实现污染排放全时段精准监管。统筹经济发展和环境保护，因地制宜，因事施策。

深入实施大气污染"一企一策"、水污染"一河一策"差异化管控措施，不搞"齐步走""一刀切"。

科学治污，关键在于尊重规律，系统解决。持续深入开展大气、水、土壤污染成因与作用机理、常规污染物和新污染物问题叠加等基础性、跟踪性研究，找准污染成因机理，对症下药。加快减污降碳、污染治理新技术新模式研发推广，构建"基础研究—前沿技术—应用技术—集成示范—成果推广—环境管理"全链条、全过程的生态环境技术创新体系。加强生态环境数据资源互联共享，强化数据分析能力，推动数字技术赋能生态环境治理。

依法治污，关键在于尊法守法、严格执法。完善地方法规标准体系，加强衔接、保持统一。系统谋划、超前研究制定地方标准，稳定社会预期。严格遵照法律法规规定开展行政执法，进一步规范行政处罚自由裁量权。稳步推进企业环境信息披露，完善以信用为基础的新型监管机制。

（三）提升生态系统多样性、稳定性、持续性，守住生态安全底线

坚持山水林田湖海沙一体化保护和系统治理，多层次提升生态系统多样性、稳定性、持续性，增加生态产品供给，牢牢守住自然生态安全底线。

守好生态保护红线。严格生态红线保护，严控生态空间占用，将生态保护红线作为加强生态保护、调整经济结构、规划产业发展、推进城镇化不可逾越的红线。围绕重点区域流域、生态保护红线、自然

保护地、重要生态功能区等开展生态状况调查评估，全面掌握全市和重点区域生态系统的结构、质量、功能状况及时空特征和演变趋势。

提升生态系统功能。完善提升双城中间绿色生态屏障区建设，加快推进区域内造林绿化、水系连通和生态修复等工程建设。全面加强4个湿地自然保护区保护和修复，保护修复重要河湖湿地。实施"蓝色海湾"整治修复，巩固退围还滩还海成果。科学开展造林绿化，切实加强森林抚育经营和低效林改造，稳定和优化森林碳汇。

保护生物多样性。制定实施《天津市生物多样性保护战略与行动计划（2011—2030年）》，以生物多样性保护优先区、自然保护地、生态保护红线等重要生态空间为重点，开展生物多样性调查观测，建立指示生物监测和综合监测相结合的生物多样性长期观测体系。逐步构筑生物多样性保护网络，重点保护鸟类迁徙通道、牡蛎礁保护地，加大遗鸥、东方白鹳、黄檗等珍稀濒危野生动植物保护拯救力度，严厉打击危害野生动植物资源的违法犯罪行为。

（四）健全生态产品价值实现机制，支持生态产业化发展

在确保生态系统功能不被破坏的基础上，拓展生态资源市场化实现机制，探索多元化的生态产品产业链和价值链，牢固树立和践行绿水青山就是金山银山的理念。

建立生态产品价值核算体系。开展天津市生态系统评估调研，研究制定天津市生态产品清单。探索建立生态产品动态监测制度，及时跟踪生态产品变化情况。充分考虑区域特色和生态系统价值特征，研

究制定天津市生态产品价值核算技术体系并开展试点核算，建立标准化的地区生态系统价值核算体系。

创新生态产品价值转化路径。深化生态补偿制度，探索建立生态保护红线区横向生态补偿机制，将生态红线作为市、区两级一般财政转移支付测算的重要因素。健全环境权益交易机制，深化碳市场建设，探索开展煤电行业大气污染物排污权交易。积极拓展碳汇价值转化路径，鼓励企业资助碳汇公益项目实现企业品牌福利与碳汇产品价值交换，倡导大型活动等利用碳汇项目实现碳中和。

强化生态产品价值实现政策支撑。积极对接国家开发银行，争取生态环境导向开发模式的项目支持。加大绿色金融支持力度，创新绿色金融产品和服务方式。支持开展生态产品价值实现机制试点，因地制宜探索多种形式的生态产品价值实现路径。

（五）聚焦全民共治共建共享，营造绿色低碳发展的社会氛围

牢固树立绿色低碳生活理念，积极倡导绿色低碳的生产方式和生活方式，营造全社会绿色低碳发展良好氛围，形成全社会共治共建共享的强大合力。

强化宣传教育。持续开展世界环境日、全国低碳日等主题宣传，广泛普及绿色低碳发展思想理念、法律法规、科学知识。加大生态文明公益广告宣传力度，鼓励生态文化作品创作和环境教育基地创建。

完善激励机制。建立完善垃圾分类制度和激励机制，加快推进生

活垃圾分类。建立碳普惠制度，搭建碳普惠方法学库和技术评估体系，探索利用津心办等网络平台，建立居民碳排放账户，实行居民节能降碳激励机制。

促进绿色消费。探索建立绿色消费激励机制，鼓励消费者使用绿色低碳产品。推动零售企业和电商平台设立绿色低碳产品销售专区，加大绿色低碳产品采销、展示和宣传力度。加大政府绿色产品采购力度，逐步提高绿色产品占比。

（天津市生态环境科学研究院课题组：赵文喜、温娟、李燃、唐丽丽、尹立峰）

盐碱滩变为生态城

——中新天津生态城见闻

曾经，有这样一片地方：三分之一是污水库，有专家认为"没法治理，只能填了"；三分之一是废弃盐田，"没法种树，只能荒着"，来种树的农民摇摇头；三分之一是荒地，"守着前面两块地方，咋还能住人？"附近的居民直叹气。

如今，这片地方已满目苍翠、楼宇林立、产业兴旺、百姓安居……这里，是位于蓟运河畔、渤海之滨的中新天津生态城。作为中国、新加坡两国在生态城市建设领域的重大合作项目，生态城历经15年开发建设，蓝图渐成现实。

2013年5月，习近平总书记在天津考察时来到这里，听取了生态城规划建设情况介绍，察看了规划实景沙盘和建设展板。总书记指出，生态城要兼顾好先进性、高端化和能复制、可推广两个方面，在体现人与人、人与经济活动、人与环境和谐共存等方面作出有说服力的回答，为建设资源节约型、环境友好型社会提供示范。

10 年来，中新天津生态城干部群众牢记习近平总书记嘱托，团结一心、砥砺前行，从 31.23 平方公里的盐碱荒滩上起步，"种"出了一座绿色新城：居民发展到 13 万人，绿色建筑比例达 100%，建立起涵盖 6 类 30 项指标的智慧城市指标体系，智能科技、文化旅游等主导产业落地生根，拔节生长。

将智慧元素融入居民生活

从鸟鸣中醒来、在绿荫下漫步、在花朵的芬芳里徜徉……5 月的中新天津生态城，是一个多彩的美丽家园。

家住季景兰庭小区的白振义老人每天都闲不住，"上午去社区中心打乒乓球和台球，下午游泳。"老人走出家门，他顺手把邻居家的垃圾也带下了楼，"举手之劳，保护环境。"

下楼没几步就是垃圾回收箱，细长灯管、水银温度计、杀虫剂、电子垃圾、化妆品、过期药品、纸类垃圾、厨余垃圾……垃圾种类被划分得十分详细。刷卡、选择垃圾种类、投放，白振义动作娴熟。

"业主投放厨余垃圾 1.05 千克、可回收物 2.1 千克、其他垃圾 0.38 千克；小区今日投放垃圾总量 226.41 千克，减少碳排放量 149.6 千克……"回收箱侧面的屏幕闪动，显示此次投放垃圾数量和小区垃圾投放总量。"每次回收垃圾都会有积分，一定的积分能换购日用品。"白振义说。

中新天津生态城按照距离不超过 150 米、步行时间不超过 2 分钟的原则设置智能垃圾投放设备。前端居民投放垃圾的"小数字",到了后台便成了垃圾智慧分类的"大数据"。在中新天津生态城智慧城市运营中心,每个智能垃圾投放设备搜集的数据均被实时传输到了"无废城市信息管理平台"。垃圾怎么投、什么时候清、运到哪里,都由这些数据说了算。

"厨余垃圾易腐坏发臭,大数据测算后会安排环卫人员及时清运。清运过程中产生的数据也会实时上传,供平台工作人员实时动态查看轨迹,保障清运过程高效无遗漏。"中新天津生态城智慧城市发展局局长王喆说,"生态城将智慧元素融入居民生活,提升居民生活品质。"

作为世界智能大会永久展示基地,中新天津生态城将在今年大会期间推出智慧医疗、智慧教育、智慧城市基础设施与智能网联汽车等数个智慧体验点位,让市民与观众沉浸式体验"未来智慧生活"。

"这小装置连着我的手环,每天的血压、体温、心率、步数,喊一声就会告诉我。"同住季景兰庭小区的高宗芝老人指着客厅里一个 20 厘米高的蛋型装置说,"遇到突发情况,卧室床头有一键报警,门口有红外预警,小区空地上探测到老人摔倒的图像也能感应报警。孩子们在外工作很放心。"

生态修复技术在全国多地推广运用

绿树环绕,湖水湛蓝,鱼儿吐着水花,飞鸟自在翱翔……"我在生态城周边工作 10 多年,居住 8 年多,有空就来静湖走走,空气好,很放松。"居民王攀和记者在静湖边散步时说。

"想不到吧？以前的静湖是一个面积2.56平方公里的人工挖掘废水坑，从上世纪70年代起，就是周边地区工业废水和生活污水的排放地。"中新天津生态城生态环境局局长刘旭指着一张老照片说。在这张照片上，黑黄色的水体翻滚冒泡，周围不见一丝绿意，隔着照片仿佛也能闻到刺鼻的味道。

"2008年中新天津生态城正式开工，静湖治理就被列为环境建设的一号工程。"刘旭说，治理团队反复试验最终确定方案：重度污染的底泥经无害化处理后烧成陶粒，用于绿化基料；中度污染的底泥净化后被装进巨型口袋，用于人工岛造岛；轻度污染的底泥进行无害化处理，用于路基垫土。

经过长达3年的生态修复和治理，这个曾经重度污染的"臭水坑"变成了生态城最大的景观湖，水域面积117万平方米，还与故道河、惠风溪等水体共同形成了独特的水生态系统，成为居民观花、观景、亲水的好去处，水域周边栖息的鸟类也越来越多。

"该项目一共取得9项国家专利，形成具有自主知识产权的污染场地生态修复关键技术，先后在河北雄安新区白洋淀、山东沂水县沂河、湖南株洲市清水塘等多地推广运用，做到了'能复制、可推广'。"刘旭说。

"能复制、可推广的关键是有指标，生态城市指标体系就是'导航仪'。"刘旭介绍，开发建设之初，生态城就编制了生态城市指标体系。2020年，生态城在对标中外先进城市建设成果的基础上，制定了"指标体系2.0升级版"，新增智慧运行、宜居建设和科技创新类指标11项。

生产、生活、生态协调发展

"这些插画和软陶都是我在家抽空做出来的，现在有了展示和交流的空间。"走进季景社区居民创新创业中心，社区居民惠金向记者介绍她的手工作品。

惠金是一名全职妈妈，也是一名手作爱好者。在创新创业中心，惠金的手作工作室开张，让她的爱好有了"变现"的空间。"创业场地、政策对接等，以前对我们来说都是难题，如今有了居民创新创业中心这个平台，方便多了。"惠金说。

这是中新天津生态城首个居民创新创业中心，面向有创业想法的居民免费开放，居民可根据自己的实际情况灵活选择驻场时间。"我们在调研中发现，社区有不少具备一技之长的居民因为时间、资金等因素无法创业。因此，我们和社区一起打造了这个众创空间。"项目运营方吉宝智城（天津）数据科技有限公司总监杨朔告诉记者。据悉，目前生态城具有类似功能的居民创新创业中心共6个，覆盖一半社区。

"既然生态城是一座'城'，就必须在生产、生活、生态方面找到最佳结合点和平衡点。"中新天津生态城党委书记、管委会主任王国良介绍，生态城充分考虑资源环境承载能力，设立产业准入门槛，实行项目入区环境评估一票否决制，不引入高耗能、高排放、有污染的企业，高度重视本地就业指标，产业人口不断增加。

在天津华慧芯科技集团有限公司厂房内，工程师正操作着精密仪器，这条产线是天津市首条具备批量加工光电全材料体系的生产线。"这个行业对员工素质、员工队伍稳定性和周边生态环境的要求都很高，而生态城符合所有要求，我们的员工半数以上是生态城居民。"华慧芯科技集团有限公司董事长曲迪说，安居才能乐业，以当地居民为主的员工队伍多年来非常稳定，为企业稳定发展提供了良好条件。

生态环境部去年 11 月发布了第六批"绿水青山就是金山银山"实践创新基地名单，中新天津生态城位列其中。2022 年，生态城大气环境、水环境质量均达到有监测记录以来最优水平：空气质量优良天数较 2013 年增长了近一倍，近岸海域优良水质比例从 2016 年的 33%提升到 100%。依托优美的自然环境和丰富的生态资源，生态城年均接待游客超过 700 万人，"美丽资源"正在变成"美丽经济"。

（原载于 2023 年 5 月 7 日《人民日报》第 1 版，
记者武少民、靳博）

九

高品质生活
创造行动

民生是人民幸福之基、社会和谐之本，增进民生福祉是发展的根本目的。党的二十大报告指出，"增进民生福祉，提高人民生活品质"，"必须坚持在发展中保障和改善民生，鼓励共同奋斗创造美好生活，不断实现人民对美好生活的向往"。

人民幸福安康是推动高质量发展的最终目的。实施高品质生活创造行动，聚焦人民幸福生活这个"国之大者"，坚持以人民为中心的发展思想，坚持以满足人民日益增长的美好生活需要为经济社会发展出发点和落脚点，推动现代化建设成果更多更公平惠及全体人民，持续增进民生福祉，促进人的全面发展，推动共同富裕取得更为明显的实质性进展，把发展成果不断转化为生活品质，不断增强人民群众的获得感、幸福感、安全感。

着力打造天津独有的高品质生活品牌群

——"高品质生活创造行动"调研

习近平总书记强调，"必须以满足人民日益增长的美好生活需要为出发点和落脚点，把发展成果不断转化为生活品质，不断增强人民群众的获得感、幸福感、安全感"。实施高品质生活创造行动，就是要坚持以人民为中心，把高质量发展成果不断转化为生活品质，不断满足人民群众对高品质生活的新期待。高端生活品牌是高品质生活的重要支撑，加强品牌建设是满足人民美好生活需要的重要手段和途径。2022年8月，国家发改委等七部门联合印发《关于新时代推进品牌建设的指导意见》，明确提出"到2035年，品牌建设成效显著，中国品牌成为推动高质量发展和创造高品质生活的有力支撑"。天津拥有众多高端生活品牌，这些品牌成为天津城市名片和高品质生活的代表。

一、天津生活品牌群建设现状

坚持把人民生活幸福作为"国之大者"，以各领域生活品牌群建设为切入点，为人民群众提供更多优质产品和服务，努力建设品质品位品牌之城，不断提升人民生活品质。

（一）经济生活品牌点亮市民生活

一是老字号品牌知名度影响力不断提升。老字号是天津工商业发展史中孕育出的"金字招牌"，承载着"最天津"的历史文脉，烙印着城市社会生活变迁。天津出台《关于促进我市老字号创新发展的实施意见》等政策措施，鼓励支持老字号企业焕发活力、"破圈"发展，聚焦"十项行动"精准施策，助力老字号深化供给侧改革，点缀新生活。诞生于1935年的鸵鸟墨水，开发了以"莫兰迪色"为代表的700多种色彩及金粉系列墨水，与故宫博物院、天津博物馆等开展"IP联名"合作，不断吸引年轻用户；老美华鞋业用3D扫描技术为顾客量身定制鞋履，提升服务智慧化水平。

二是品牌商圈撑起区域消费中心城市定位。商圈汇聚着丰富的生活资源，是富有"烟火气"的高品质生活载体。天津围绕建设国际消费中心城市、区域商贸中心城市目标，推动滨江道、佛罗伦萨小镇、万象城等商圈扩容升级，鲁能城购物中心、金茂汇等商圈建成营业，以多元化娱乐、夜经济、健身、文化艺术展览、人气IP主题互动等新兴元素为商圈赋能，提升市民消费体验。2023年以来，天津将恢复和扩大消费摆在优先位置，出台一揽子政策支持商圈做优做强，着力打造具有时尚潮、国际范、高标识度的地标商圈，打造天津亮眼名片。

三是文旅品牌日益响亮。天津人文景观、自然风光兼具，艺术种类、特色小吃繁多。经过多年的积累，一些文旅 IP 知名度人增，以其独有魅力吸引众多游客。"十项行动"实施以来，策划推出天津海河文化旅游节、天津海棠节、运河桃花文化商旅节等"津牌"游项目，发布精品线路，设计主题活动；加大对五大道"小洋楼"资源的保护利用，"悦动民园""艺味 225""慢游王府"等地标节点助力文旅消费场景和业态更新；推动天津文旅资源总入口"I 游天津"文旅消费数字化平台正式上线、"四季欢乐游 天津常走走"文旅星球号旗舰店入驻携程，高质量旅游品牌形象不断强化。

"津遇和平·海棠花"活动开幕式在民园广场举行

（二）社会生活品牌提升幸福指数

一是形成民生保障"幸福"品牌。用心用情用力做好民生保障，天津生活"幸福"标签深入人心。连续多年组织实施20项民心工程，赢得人民群众和社会各界广泛赞誉。基本公共教育服务均等化加快推进，2022年新增中小学学位4.5万个，2023年计划新增3万余个。以"双一流"建设引领高等教育发展，2022年5所高校、14个学科入选名单，比首轮增加2个学科，2023年分赛道扶植52个学科冲击国内一流学科，试点建设1至2个交叉学科创新中心。聚焦高校毕业生等重点群体实施针对性稳就业政策，2023年计划兜底帮扶就业困难人员2万人以上。加快第三中心医院东丽院区、8个专业国家区域医疗中心等项目建设，持续推进重点人群健康提升和慢性病防治行动，院前医疗急救接报至到达现场平均时间降至9分钟左右。健全养老服务体系，截至2022年底，全市老年日照中心（站）、老人家食堂分别达到1357个、1701家，2023年将基本建成四级养老服务体系，建设养老服务综合体30个，对特殊困难老年人提供居家适老化改造服务。持续健全完善全覆盖、可持续的保障体系，出台京津冀参保人员异地就医视同已备案政策，预计为新市民、青年人等群体提供保障性租赁住房8500套，向中低收入住房困难家庭发放租房补贴4亿元。

二是形成文体事业"繁荣"品牌。丰富多彩的文化生活，是高品质生活的显著标志。天津以满足人民高品质精神文化需求、提高人民健康水平为出发点，深入实施文化惠民工程，加速实施全民健身实施计划。已建成覆盖城乡的四级公共文化服务网络，每万人拥有公共图书馆建筑面积位居全国第一,城乡居民国民体质测定标准合格率达到93%,位居全国前列。2023年,举办首届中华戏曲精品邀请展、名家经典惠民演出季和第九届市民运动会、第二届外商投资企业运动会等活动,创作一批津派文艺精品,在李叔同故居等文博场所举办一系列特色展览,加快建设杨柳青大运河国家文化公园,改造200处社区健身园,新建20千米健身步道、100处户外微场地、50处乡村健身广场、15千米"海河蓝丝带"自行车骑行道,铺就文体生活"高品质"底色。

三是形成生态环境"绿色"品牌。锚定"双碳"目标,深入实施"871"重大生态工程,加强污染防范治理,协同推进降碳、减污、扩绿、增长,进一步积蓄发展生态空间和战略空间,提升人居环境质量。加快推进美丽天津建设规划纲要制定工作,大力推进国家生态文明建设示范区、"绿水青山就是金山银山"实践创新基地建设,持续深化重点行业超低排放改造,强化挥发性有机物污染治理,新改扩建一批污水处理厂及配套管网,加强入海河流"一河一策"总氮污染治理,深化河(湖)长制管理,建设提升50个"口袋公园",让群众尽享生态之美。

(三)城市治理品牌提升城市温度

一是党建引领基层治理品牌特色突出。坚持以党建为引领,以市域社会治理现代化试点全域创建为契机,突出基层组织在社会治理中的基础作用,强化工作一线处置权和统筹权,确保把党的政治优势、组织优势、群众工作优势转化为基层治理优势。疫情防控期间,各街道、社区充分发挥龙头和轴心作用,统一调度各类防疫资源力量,形成联防联控强大合力,最大程度保护人民群众生命安全。

二是营商环境品牌持续升级。营商环境代表着一个城市的软实力和核心竞争力，天津坚持顶层设计和基层创新相结合，深入实施"一制三化"审批制度改革和"天津八条""民营经济 19 条"等惠企政策，厚培营商沃土，为企业发展"护航"。在中央广播电视总台公布的《2022城市营商环境创新报告》"监管机制创新""对外开放提升"两个维度榜单中，天津分获冠亚军。持续深化"证照分离"改革，扩充"一件事一次办"场景，梳理公布"免申即享"事项清单。滨海新区开展证照联办"一件事"改革试点，天开高教科创园高标准组织"一站式"政务服务。

三是社区共建品牌不断涌现。拓宽群众参与社区共建渠道，不断提升基层治理效能，提高居民群众对于社区的认同感、归属感和责任感。2023 年天津将继续巩固深化社区共建成果，充分发挥人民群众在基层治理中的积极作用，强化社区文化引领，提高群众议事协商能力，构建睦邻友好的社区氛围，推进社区和谐度与群众满意度持续提升。

二、天津高品质生活品牌群建设中存在的主要问题

（一）以生活品牌群建设推动高质量发展意识需增强

品牌是高质量发展的重要象征，是一个企业、一座城市乃至一个国家竞争力的综合体现。高品质生活品牌群建设成效代表着供给结构和需求结构升级方向，目前，天津品牌发展氛围不够浓厚，拥有的高品质生活品牌还不够多，对供需结构升级、经济内循环主导力不强，拉动经济社会高质量发展作用发挥不足。

（二）叫得响的生活消费品牌需培育

曾经，天津叫得响的品牌很多，"海鸥""飞鸽"等全国人民耳熟能详，享有盛誉，但是在消费转型升级的今天，人们第一时间想到的与生活息息相关的品牌却鲜有天津本土品牌。物质生活资源丰而不特，食品、服装、家具、家电等消费品领域高品质品牌供给不足，高品质生活产业集群能量级别不高。

（三）老字号品牌与市民生活需贴近

老字号品牌魅力在于历久弥新，老字号品牌只有不断满足公众的高品质生活需求才能得以大力发展。天津老字号品牌覆盖了吃穿用等多个领域，与市民生活紧密相连，但在发展过程中与市民消费需求脱节问题愈加凸显。一些老品牌不能很好地与市民生活需求相适应。

（四）地方特色文旅品牌开发需加强

天津人文底蕴深厚，历史风貌独特，为游客和居民提供了多场景体验。但也存在文旅景点规模小、文化体验活动不多、游逛所需时间短、基础配套不足等问题，影响了游客体验感。缺少沉浸式或深层次的文化生活体验，缺乏具有时令特色和参与性强的旅游文化节庆活动，与本地居民丰富的娱乐文化生活需求不匹配。

（五）城市治理和民生品牌宣介需强化

文化、教育、医疗、社会保障等公共服务水平关乎民生，连接民心，影响百姓生活品质和幸福感。天津各项公共服务、民心工程实施效果显著，却存在创新亮点挖掘不足、对外宣传力度不大、品牌打造氛围不浓等问题，培育被群众、市民广泛认可的城市生活服务品牌意识缺乏，"政府＋社会"的专业化外宣力量不足，高品质城市生活品牌形象有待进一步擦亮。

三、加强天津高品质生活品牌群建设的对策建议

高品质生活品牌是高质量生活高地的重要标志，在实施高品质生活创造行动中，要进一步强化生活品牌意识，着眼生活品牌高端化、链群化、智能化、绿色化、新形态化，创新生活品牌建设举措，为创造高品质生活提供有力支撑。

（一）强化高品质生活品牌建设意识，营造友善开放的品牌建设氛围

一是加强舆论引导，凝聚品牌建设共识。开展高端生活品牌认证，建立包括衣食住行娱等在内的"津品生活"高品质生活品牌名录；加大高质量生活品牌宣传推介力度，通过征集品牌建设先进案例、召开先进企业经验交流会等多种形式，借助品牌日等契机和载体，多形式、多渠道加强品牌推介，讲述好天津生活品牌创新发展故事，推动全社会形成建设品牌、爱护品牌、享受品牌的良好氛围，助力天津高品质生活品牌走出国门、走向世界。

二是加强顶层设计，制定品牌发展规划。完善协调推进机制，引进专业机构，制定高品质生活品牌战略发展规划和品牌培育计划，从多方面扶持和培育形成具有区域影响力的知名生活品牌，着力培育一批细分市场品牌，形成品牌培育梯次格局。建立政府指导下的行业性、

社会性品牌建设服务体系,发挥行业协会、中介机构等社会组织在品牌研究、定位、营销等方面的重要作用。

三是完善制度保障,优化品牌发展环境。以市场监管为抓手,建立与市场相应的品牌法律体系和品牌保护机制,统筹推进高质量生活品牌商标、字号、专利、著作权等保护工作,严厉打击假冒伪劣和侵犯知识产权行为。加强知识产权信息公共服务资源供给,推进商标、地理标志等知识产权数据共享,运用大数据实施市场监管,加强信用运用和失信惩戒,营造有利于优势品牌生存发展的市场环境和法治环境。

(二)发挥龙头企业作用,打造高品质生活品牌产业链群

一是实施品牌战略,打造生活品牌产业链群。2022年《中国500最具价值品牌》榜单中,天津食品集团以品牌价值272.78亿元首次登榜,集团旗下生活品牌30余个,已形成产品品牌、企业品牌和区域品牌互为支撑的品牌体系和产业链群。要全面实施品牌战略,加快内部产业板块整合、优化产业布局,以产业链模式发挥集团整体产业资源优势,促进品牌建设与企业经营良性互动,以国企担当引领高品质生活的笃行实践。

二是完善品牌支持政策,提高品牌培育能力。通过设立品牌建设专项基金,减免企业税费等财税支持政策,为高品质生活品牌建设提供普惠型环境。鼓励企业推进产品设计、文化创意、技术创新与品牌建设融合发展。进一步完善中小企业生活品牌孵化机制,精准实施中小企业生活品牌建设帮扶措施,在中小企业集聚的各类园区,设立品牌指导服务平台,开展品牌培育公益培训,打造大批量"专精特新"生活品牌。

三是强化科技驱动,赋能生活品牌创新升级。开展生活品牌质量

提升行动，加强企业技术创新和产业链协同联动，促进技术迭代和质量升级。鼓励企业推广先进质量管理模式，开展质量管理数字化升级，建立全周期全流程质量安全追溯体系。开展品牌对标达标提升行动，推动形成一批具有引领带动作用的企业标准"领跑者"。完善品牌人才引进和培养机制，鼓励企业联合天津高校、职业学校开设品牌课程，加强职业培训，培养品牌建设专业人才。

（三）激活振兴一批老字号生活品牌

一是挖掘品牌内涵，擦亮老字号"金字招牌"。老字号"粉丝效应"来源于消费者的需求满足、情感共鸣与价值认同。如内联升千层底布鞋获得高口碑的原因是其经过5个环节、90余道工序、2100针的缝制；同仁堂的底气建立在自有药材种植、优质中药材筛选、传统炮制工艺的延续。天津老字号生活品牌丰富，吃有"天津三绝"，穿有老美华、抵羊毛线，用有海鸥手表、飞鸽自行车等，要用好新时代品牌营销渠道，充分挖掘老字号品牌深远独特的文化基因，做好品牌公关、传递品牌价值，巩固传统消费群体消费忠诚度，增强新兴消费群体消费吸引力。

二是推动品牌创新，提升老字号品牌市场竞争力。鼓励老字号生活品牌参与跨界合作，将相似文化元素、文化调性的品牌进行创新融合，如大白兔与美加净两个老字号联手打造的大白兔润唇膏一经上市供不应求。"搭车"互联网经济，推动老字号广泛开展联名、打造线上品牌旗舰店，助力老字号焕发"第二春"，如重庆火锅"小龙坎"跨界牙膏、浙江"五芳斋"跨界"王者荣耀"成功出圈。支持老字号加强研发，围绕市场需求，升级老产品，开辟新赛道，如桂发祥把科技和时尚元素注入产品，对传统美食进行提升，研发的益糖麻花、高纤麻花深受市场欢迎。

三是加强专项保护，维护老字号品牌声誉。建立老字号品牌信用监管体系，完善跨地区打击仿冒侵权机制，推进信息共享、执法协同，探索品牌知识产权保护长效机制，严格规范"老字号"字样在商品、门店等的使用。开展网络评价动态监测，健全老字号生活品牌经济发展网上评价监测、处置和引导机制，及时跟进处理或管控相关负面舆论和其他潜在风险。锻造高效运营团队，完善贴合互联网发展的制度机制，如浙江打造"老字号直播基地"，提升老字号企业电商运营能力和供应链管理水平。

（四）创新培育一批新形态高质量生活品牌

一是培育新热点品牌。特别是瞄准国内处于起步阶段或爆发前夜的新热点领域。如围绕智能装备、机械制造行业，大力鼓励制造业和新兴行业单位自主发掘可与群众美好生活结合的点位，推动新能源、新材料率先进入消费领域和公用领域，加速与日常生活融合，形成可用性、可视性、可玩性俱佳的优势点位，如率先设置社区公用机床实验室，推出面向群众的数控机床和器件定制服务。

二是建设新场景品牌。推动赛事、展览、节庆、演艺、商业协同发展，构建品牌标识显著的赛展节艺商一体化地标商圈，形成一批特色商圈和地标性消费项目，将地标、赛标、展标、商标提升为新场景品牌。加快夜间经济项目载体建设，推动城市商圈夜经济品牌建设，打造"夜天津"生活品牌地图，持续推出夜游、夜食、夜购、夜娱、夜跑等系列品牌活动，打造汽车电影、街头乐队、后备箱市集等多种夜间消费新场景。

三是突出新人群品牌。区分各区资源优势，大力发展儿童友好型、青年友好型、老年友好型品牌，聚焦儿童消费、银发经济、亲子经济、假日经济、社交经济、等待经济等领域，培育适青化、适老化生活消费品牌。发展直播电商、内容电商、社交电商等新模式，加快培育全年龄段直播电商，推动直播带货和"网红经济"发展，孵化一批细分领域网红品牌。

四是打造智能化、绿色化品牌。加大对无人车机、智能存放等智能化、绿色化生活设施投入，加快推动数字人民币等消费应用场景。促进绿色低碳消费新模式，加大新能源汽车推广应用，鼓励电商企业、平台、超市、餐饮等企业推进绿色低碳活动，加快实现商品包装绿色化、减量化和循环化。积极探索绿色回收模式，大力推行"互联网＋回收"模式，完善再生资源回收体系。

（五）挖掘开发一批具有天津特色、区域影响的文旅品牌

一是挖掘人文资源，建设"有趣"的文旅品牌。天津拥有丰富的人文资源，能够定制出满足不同需求的文旅品牌，设计精彩纷呈的文旅产品。如曲艺美食等传统的天津符号，夏季达沃斯论坛、中新天津生态城等现代符号，"万国博览"地理标签和"乐观向上"精神特质等。

二是筹划多彩活动，推出"响亮"的文旅品牌。进一步培育具有鲜明天津本土文化特色的文旅节庆、条线品牌，吸引更多大众参与。如加强与中央媒体等主流媒体及微博、脸书、推特等主流网络平台的

天津茱莉亚学院

合作，发布天津形象宣传片，推动天津文旅形象深入人心，让更多的海内外民众了解天津建设的现状。

三是挖掘非遗文化，活化"传统"的文旅品牌。深入挖掘天津高达47项的国家级非遗项目和328项的市级非遗项目，组织协调新媒体扩大天津非遗文化的影响力和覆盖面，使之成为天津文旅品牌的重要"主角"，努力找寻非遗与人民群众的情感、情境、情景共通点，着重从细微生动处表达，做到可感可触、可动可玩。

四是提炼文化精髓，打造"天津"特色IP品牌。将城市特色文化资源转化为具有经济价值和社会价值的文化资产。如在传统"曲艺之乡、相声之都"基础上，积极培育现代曲艺、新"马派相声"、德云相声、脱口秀、小剧场演艺等。坚持做大做强天津卫视"相声春晚"，建设段子笑料输出地。挖掘文化民俗史志优势，在高端汉服、国风服饰、复古服饰方面下力气；组织文史专家、畅销书作家、奇幻文学爱好者和杨柳青画社等编修中国神话仙话体系故事；坚持举办具有传统乡土风情的群众性赛事，如全国电视蟋蟀争霸赛，做大做强煎饼馃子协会等，对煎饼馃子、皮皮虾等进行奇趣化包装，增加收益附加值。

（六）加大城市治理品牌和民生品牌宣介力度

一是大力传播品牌创新亮点。提炼基层自主创新、提质升级生动案例，宣传公共服务从简单的规模扩张转变为内涵发展，形成更多群众认可、市民认同的优质城市治理品牌。

二是着力提升品牌传播效能。利用数字技术赋能品牌创新发展，通过创新线上线下融合的"新服务"模式，激发品牌新动力；推动品牌场景融合创新，创新包装设计、营销体系、视觉标识等品牌要素，提升品牌核心价值；打造矩阵品牌生态，强化互动共享势能，焕发城市品牌活力，广搭台、善架桥、多传声，不断加大"走出去"宣介力度。

三是持续优化品牌建设环境。品牌建设是一项长期性、系统性工程，需要各方力量协同参与、久久为功。要持续宣介各地区各行业的新做法新经验新成效，更好阐释城市治理、民生保障等方面的政策制度，为优化品牌生态、提升品牌价值、呵护品牌发展，营造更加良好的舆论环境。

（中共天津市委党校课题组：
王克明、李卫永、吴建军、邱小玲、耿蕊、宋金秀、曹立、边姗姗）

提振信心 加大供给 创新场景

天津消费动能持续释放

　　"家门口的热电厂变成了大商场！"1月15日，家住天津市河东区的卢盛广、郭爽夫妇来到最近开业的金茂汇商场，老厂房的工业元素、新地标的前卫时尚让他们印象很深。

　　新年前夕，由天津市原第一热电厂旧址改建而成的天津金茂汇商场正式开门迎客，入驻品牌有130多个，营业第一个小时客流量就已破万。在商场中庭、户外广场等区域，商家布置的"虚拟现实红包雨""超大厂房裸眼3D投影"等场景吸引了大量客流，为市民带来了全新的消费体验。

　　消费活则经济活，消费兴则城市兴。中央经济工作会议提出："要把恢复和扩大消费摆在优先位置。增强消费能力，改善消费条件，创新消费场景。"近期，天津市抢抓有利时机，围绕国际消费中心城市培育建设，不断提振市场信心，持续加大消费供给，创新消费场景，充分释放消费动能。

"购车相关政策给力，我又抢到了消费券，所以决定换辆新车！"1月16日，天津市民王辰来到万象城商场一家国产新能源车销售店内，付定金、签合同。新年伊始，总价值1.15亿元的第二期"津乐购"消费券陆续发放，共分为汽车、家电、百货零售、餐饮文旅等四大类。天津市商务部门还组织各区联动促销，协调金融机构、电商平台等承办主体配比资金，努力活跃消费市场。

"去年8月发放的第一期'津乐购'消费券，撬动作用明显，有力促进了消费回暖，为企业经营注入了活力。今年，我们有信心实现消费市场的开门红！"天津市政府副秘书长于鹏洲说。据测算，1.15亿元消费券叠加企业、平台打折让利和补贴，预计拉动消费超过33亿元，参与商家数量不少于5万个，参与抢券消费者超过800万人次。

天津各大滑雪场、滑冰场推出优惠打折，各大商场、线上平台推出冰雪商品专柜……1月14日，2023天津冰雪消费节正式开幕，冰雪节将贯穿春节、元宵节等节日，旨在大力发展冰雪主题消费，带动服装、体育用品、餐饮、休闲娱乐等相关产业发展，促进商旅文体融合发展。据了解，今年春节、元宵节期间，天津市还将组织各区和商贸流通企业推出百余场美食节、年货节、购物节、火锅节等线上线下促消费活动。

今年初，天津市培育建设国际消费中心城市领导小组办公室印发方案，将2023年确定为"天津消费年"，"吸引京冀""多元融合"

等八项重点任务，"品牌首店引进""消费场景打造"等八大专项行动，"第三届海河国际消费季""品质消费农村行"等十大主题活动和"N场促销活动"，构建起全年"8810+N"的活动框架。

近10年，消费对天津市经济增长的贡献率达54.4%，已成为经济增长的第一拉动力。今年1月以来，全市重点监测的143家商业企业日均销售额超2.1亿元，同比增长24.4%，市场逐步回暖。2023年，天津市将坚定实施扩大内需战略，建立"贯通全年、四季持续、消费繁华"的促消费格局，打造"多元融合、联动京冀、模式创新"的促消费平台，实现"月月有活动，季季有特色，全年可持续"的促消费模式，更好助力经济高质量发展。

（原载于2023年1月18日《人民日报》第1版，
记者武少民、李家鼎）

（十）

党建引领
基层治理行动

基层是社会治理的基础和重心。党的基层组织是党在社会基层组织中的战斗堡垒，是党的全部工作和战斗力的基础。党的二十大报告指出，"坚持大抓基层的鲜明导向，抓党建促乡村振兴，加强城市社区党建工作，推进以党建引领基层治理，持续整顿软弱涣散基层党组织，把基层党组织建设成为有效实现党的领导的坚强战斗堡垒"。

　　只有把党的组织优势转化为治理优势，才能更好破解基层治理面临的难题，提升治理效能。实施党建引领基层治理行动，坚持大抓基层的鲜明导向，持续推动重心下移、力量下沉、保障下倾，用力做好抓基层、强基础、固根本的工作，统筹抓好基层党建各项工作，切实把基层党组织的政治优势、组织优势转化为治理效能，以高质量党建引领保障高质量发展、高效能治理，不断提高基层治理社会化、法治化、智能化、专业化水平，加快推进基层治理现代化。

以"绣花精神"织绘基层治理"新画卷"

——"党建引领基层治理行动"调研

党的二十大报告指出，"推进以党建引领基层治理，持续整顿软弱涣散基层党组织，把基层党组织建设成为有效实现党的领导的坚强战斗堡垒"。进一步明确了加强基层治理的重要抓手，对于坚持和加强党的领导、夯实党长期执政的组织基础、推进基层治理体系和治理能力现代化具有重要意义。实施党建引领基层治理行动，是贯彻落实党的二十大精神，不断提高基层治理社会化、法治化、智能化、专业化水平，加快推进基层治理现代化的重要举措。

一、天津实施党建引领基层治理行动的总体情况

做好基层治理这篇大文章，关键是加强党的领导。党的十八大以来，习近平总书记高度重视基层党建和基层治理工作，强调要把加强

基层党的建设、巩固党的执政基础作为贯穿社会治理和基层建设的一条红线。强调加快推进社会治理现代化，必须打造共建共治共享的社会治理格局，要充分发扬民主，广泛汇聚民智，最大激发民力，建设人人有责、人人尽责、人人享有的社会治理共同体。习近平总书记的重要论述，为我们做好基层党建引领基层治理工作指明了正确方向，提供了根本遵循。

天津坚持大抓基层的鲜明导向，持续推动重心下移、力量下沉、保障下倾，用力做好抓基层、强基础、固根本的工作，以高质量党建引领保障高质量发展、高效能治理。党建引领基层治理行动实施以来，建立健全市、区、街镇（乡镇）、社区（村）四级联席会议制度，成立政治引领、综治能动、法治保障、德治教化、自治强基、智治支撑6个专项组，明确责任领导和牵头部门，以及具体任务措施的牵头单位和责任单位，聚焦党的领导、为民服务、安全维稳，围绕中心工作，全面推进党建引领基层治理走深走实，不断取得新进展新成效。

2023年以来，天津不断增强基层党组织的组织力、凝聚力和战斗力，推动党建引领基层治理有魂、有序、有力、有效。首先，明确市委、区委、街道工委、社区党委抓基层党建责任，形成以上带下、以下促上的四级联动共建体系。巩固村（社区）党组织书记、村（居）委会主任"一肩挑"。引导群众主动参与基层治理，发挥多元主体在基层治理效能提升中的合力效应，基层共建共治共享治理格局不断优化。其次，拓展网格化治理，基层社会治理精细化水平不断提高。全市以网格单元为载体，以整合力量和优化流程为重点，以信息技术为支撑，各区搭建起"区级—街镇—社区（村）—基础网格"四级网格治理架构，全面整合党建、综治等信息资源，打通基层治理"神经末梢"。基层社会治理的精细化水平不断提高。再次，明确治理目标，持续实施民心工程，着力做好普惠性、基础性、兜底性民生工作，公共服务体系和社会保障体系更加完善。着力解决看病难问题，医疗服务资源不断优化，农村饮水提质增效工程全面完成，人居环境持续改善。最后，创新基层治理方式，健全社区警务和网格化管理"四合四联"机制，实现警务通、警辅通和津治通"三端打通"，治理系统化专业化程度不断提升，形成具有天津特色、体现市域特点、展现时代特征的基层社会治理工作新格局。

在党建引领基层治理取得明显成效的同时，仍存在一些亟待破解的困境和难题。比如，不少党员干部对"治理"的概念认识不到位，在工作中多用传统"管理"替代"治理"；一些基层党组织软弱涣散，组织力、凝聚力、战斗力不强，"动力主轴"作用发挥不明显，领导基层治理的能力有待提高；部分党员干部还没有真正理解"党建引领"与"基层治理"的逻辑关联，在围绕中心工作，推动高质量发展、高效能治理的实招硬招不多；基层治理中的职责任务和力量配备不太均衡，基层赋能减负工作还不够到位；等等。因此，还需要持续用力，以精准科学、务实有效的创新举措推动各项工作落地见效。

二、党建引领基层治理典型案例分析

天津始终把党建引领基层治理作为一项重要政治工程来贯彻落

实，在实践中全面深入推进，着力加强基层组织、基础工作、基本能力建设，不断提高基层治理水平，加快推进基层治理现代化。

为深化党建引领基层治理，有效破解社区物业管理难题，和平区积极探索"红色物业"创建活动。一是强化组织建设。注重加强物业企业党组织建设，通过单独或联合成立党组织、加大党员发展力度、选派党建指导员、推动党建工作入章程等方式，推动物业企业党的组织和工作全覆盖。二是推进党建联建。规范"双向进入、交叉任职"制度，吸纳物业企业党员负责人作为党建联席会议、社区"大党委"成员，着眼加强社区治理，不定期召开党建联席和"大党委"会议，讨论研究解决私搭乱建、电梯维修等民生问题。社区"两委"成员担任物业公司监督员、服务员，常态化协助解决物业企业服务管理问题，实现基层治理"一家亲"。三是创新评星定级。制定实施《和平区住宅物业管理小区星级评定工作实施方案》，全面推进星级评定，建立物业服务企业"红黑榜"，进一步提升物业企业管理服务水平。

河西区天塔街积极探索创新基层治理模式，重点突出"一核一旗一图一表一库一网"的"六个一"，让基层治理充满活力，更好地为居民解决热点、难点问题。把党建品牌做成群众口碑，"金先锋，党旗红，天塔行"党建项目，以天塔街环湖南里、宾水南里、富源里、紫金里社区四个菜市场向外辐射为项目主体，以"两新"组织从业人员为主要人员，联合辖区内快递小哥、外卖骑手以及周边商户组成"金先锋志愿服务队"，为辖区居民提供形式多样、内容丰富的志愿活动，推进共建共治共享。

河西区越秀路街港云里社区"红色议事厅"

　　红桥区咸阳北路街道党工委深化拓展党建引领基层治理"十个一"工作机制，以加强新就业群体党建工作为重点，积极创建"红咸先锋"系列党建工作品牌，真情服务外卖小哥、快递员、网约车司机等群体，并引导他们发挥移动探头作用，有序参与基层治理。街道党工委充分发挥社区党群服务中心服务功能，在红旗社区原有新就业群体"服务角"的基础上，坚持党建带工建、服务促凝聚，按照"有标志、有标识、有专人负责、有应急物资、有活动阵地、有学习资料"的"六有"原则，建设"红色先锋驿站"，打造暖心服务阵地。通过加强新就业群体党建工作，实现党的组织工作全覆盖，不断扩大党在新兴领域的号召力、凝聚力、影响力。

西青区按照"书记抓、抓书记"的工作思路，探索实施"书记项目"，组织 261 个社区（村）党组织书记，牵头领办产业发展瓶颈、社区治理短板、党建难点堵点等具体问题，实行一个书记、一个项目、一抓到底，有效解决农旅融合发展、农产品品牌提升、社区居住环境等领域问题 354 个，打造"生态六埠""暖心文瑞"等典型案例 80 余个。"书记项目"的实施，着力破解了一批乡村振兴和基层治理中的难题，如文瑞家园社区从长期失管的"飞地"社区变为居民安居乐业的温馨家园，形成了"抓住一个人、示范一班人、带动一群人、解决一堆事"的牵引效应，切实将基层书记第一责任转化为基层治理效能、群众获得感和高质量发展实绩。

蓟州区以创新开展"初心印蓟"活动为抓手，大力推进党建引领基层治理，着力推动党员干部进项目、进企业、进农村，用心、用情、用力为群众办实事解难题，实现为民服务制度化、长效化、常态化。始终坚持顶层设计，高位推动，既立足眼前、解决群众急难愁盼的具体问题，又着眼长远、完善解决民生问题的体制机制，压实区、镇、村三级责任，确保推动活动有力有效。

随着新时代社会主要矛盾的变化，人民群众对多元解纷方式具有客观需求，对矛盾纠纷化解工作有着更高期盼。天津加快公共安全治理模式向事前预防转型，坚持和发展新时代"枫桥经验"，切实将矛盾纠纷解决在萌芽状态、化解在基层。深化"枫桥式公安派出所"创建工作，进一步完善社区警务与网格化"四合四联"工作机制和"1名社区民警+2名社区工作人员+N个社区网格员"联勤协作模式，推进公安警务室"入村进社"、合署办公，做到把服务的窗口开在群众身边。通过实践创新探索，努力打造新时代"枫桥经验"天津版，不断推动"党建引领基层治理行动"落地见效。

天津按照"建设全覆盖、应用全提升"的工作思路，持续推进智慧平安社区建设。截至目前，已实现城镇地区智慧平安社区建设全覆盖。天津在小区进出口布置智能化、24小时站岗的"电子警察"，通过物联网、互联网等传输链路，将人、车、事、物数据传输到相关部门的系统平台，便于对社区进行精细化管理，提高基层治理能力。天津持续推进智慧平安社区建设，通过充分发挥智能感知设备的优势，深入拓展数据服务应用，推动把街道社区纳入市、区信息化建设规划，统筹推进智慧社区基础设施、系统平台和应用终端建设，让信息触角延伸到基层治理一线，做到智慧赋能、提质增效。

三、推进党建引领基层治理的建议

作为国家治理体系的神经末梢，基层社会治理能力和水平是国家各项政策制定和执行的逻辑起点。随着"十项行动"的不断深入推进，党的强有力的组织引领力不断凝聚起广泛的社会共识和行动合力，基层治理结构"碎片化"难题逐步得到有效破解。推进党建引领基层治理是一项长期艰巨的系统工程，需要持续用力，久久为功。针对当前制约基层治理发展的瓶颈问题，要精准施策，不断增强工作的科学性、预见性、创造性，以高质量党建引领高效能治理。

第一，进一步强化理论武装，学深悟透习近平新时代中国特色社会主义思想，深入学习贯彻习近平总书记关于基层治理的重要论述，深刻认识基层治理是国家治理的基石，统筹推进乡镇（街道）和村（社区）治理是实现国家治理体系和治理能力现代化的基础工程。要紧紧围绕党和国家工作大局、中心任务来谋划推进基层治理工作，从坚持和完善中国特色社会主义制度的高度，从巩固党的执政基础和维护国家政权安全的高度，从"两个大局"的战略高度认识推进基层治理体系和治理能力现代化重要性，不断增强运用科学理论应对基层治理风险和挑战的能力。

第二，进一步强化党建根基，突出发挥党建"引领"作用，不断增强基层党组织的政治功能和组织功能。要健全高位推动、齐抓共管的领导体制机制，加强网格化管理服务体系建设，把社会各类

西青区四季花城社区"网络驿站"微网格员正在进行积分兑换和义诊活动

组织统起来，形成治理合力。创新基层党建引领机制，以街道、社区党组织为核心，积极动员各类单位和组织，通过"支部+"方式建立党建链，搭建党建协商议事平台，以党建带动社区建设，着力解决群众遇到的"大事"和"难事"。延伸党组织触角，不断健全社区、网格、楼栋、单元等多级管理机制，打通党组织联系群众、服务群众的"最后一米"。

第三，进一步激发自治活力，加强法治保障，重视德治教化，构建自治、法治、德治相结合的基层治理体系。要构建社区与社会组织、社会工作者、社区志愿者、社会慈善资源"五社联动"机制，拓宽群众参与治理渠道，构建网格化管理、精细化服务、信息化支撑、开放共享的治理服务体系。持续开展民主协商活动，不断吸引公众参与社会治理，在多元化利益诉求中寻求最大公约数。鼓励与引导社会组织参与社会治理，加大政府购买社会组织服务力度，提升社会治理专业化水平。坚持和创新新时代"枫桥经验"，完善调解、信访、仲裁、行政裁决、行政复议、行政诉讼等多元化矛盾调解机制，积极引导群众依法理性维权，切实把矛盾化解在基层。培育和践行社会主义核心价值观，弘扬中华民族传统美德，加强社会公德、职业道德、家庭美德、个人品德建设，不断夯实社会治理的道德根基。充分运用互联网平台、广播、电视、宣传栏等媒体开展道德文化宣传，形成推进社会治理现代化的强大内生动力。

第四，进一步树牢大抓基层鲜明导向，强化赋权增能，确保人财物等各类资源向基层下沉。瞄准基层经济社会发展的需求进行赋权，运用清单管理的办法，科学精准赋权，推动更多社会资源、管理权限和民生服务下放到基层。整合基层执法力量和资源，赋予乡镇（街道）行政执法权，切实解决基层行政执法中"看得见的管不着、管得着的看不见"问题。派强用好驻村第一书记和工作队，选优配强基层干部力量。推动全面从严治党向基层延伸，严格基层干部队伍管理监督，强化上级、同级、群众、舆论等有效监督形式，着力打造高素质、专业化的基层治理队伍。

第五，进一步强化数字赋能，提升党建引领基层治理的智能化、智慧化水平，逐步实现基层治理迭代升级。坚持以信息化推进国家治理体系和治理能力现代化，更好用信息化手段感知社会态势、畅通沟通渠道、辅助科学决策。着力推进基层治理数据资源共享，着力加快一体化政务服务平台建设，着力强化网络数据安全保障，着力推行适老化和无障碍信息服务。推动社会治理各领域积极引入数字技术，不断提高监管执法、辅助决策、社会动员能力，推动社会治理向科学化、专业化、智能化、精细化水平发展。积极引导和发展网络议案、网络问政、网上法庭、网络信访、线上调解、网络动员、网络参与，畅通利益诉求表达渠道，搭建纠纷调解平台，多渠道有效化解社会矛盾。

（南开大学课题组：肖光文、孙海东、王友江、刘方道、杨笛、徐硕、赵睿）

努力摸准社区居民群众需求

　　守望万家灯火，护佑美好家园，社区工作触达千家万户，连着亿万人民的心。

　　近年来，天津市河西区越秀路街道港云里社区坚持以党建引领基层治理，不断创新社区治理方式，用好"红色议事厅"，完善三级吹哨机制，健全网格化管理，推动共建共治共享，努力打造幸福家园。

　　"咱们要畅所欲言，用不同颜色的便利贴写自己的意见，分类贴到问题板上。"10月27日，港云里社区迎来党的二十大后首次"红色议事厅"协商会，社区党委书记、居委会主任孙茜主持此次停车规范问题意见完善会。半年来，同一个地点、同一个主题，港云里居民提建议、出点子，为解决停车问题建言献策。

　　停车乱、停车难曾是困扰社区居民的"顽疾"。港云里社区党委经过深入研究,建立起"红色议事厅",以党员为骨干,组织社区业委会、物业公司、居民代表等在开放空间进行议事。通过多次议事,社区达成"以居民为主、分类管理、限量进入、错时停放"共识,形成《港云里社区车辆管理实施方案》。抢占车位、私设地锁等乱象没有了,居民关系更融洽了。

治理重心"沉"下去,社情民意才能"浮"上来。港云里社区以实际行动把党的二十大精神贯彻落实到为群众办实事的实践中,不断完善"红色议事厅"议事方式,让管理者和居民面对面交流、实打实交心,号准"脉"、解开"结",实现民事民议、民事民决、民事民办。

港云里的变化,不仅得益于社区协商方式上的零距离互动,还得益于社区治理层级上的高效率联动。

2019 年,天津着力深化改革创新,推动党建引领"一根钢钎插到底"。港云里社区以此为契机,建立起三级吹哨机制:"居民吹哨、社区报到——社区吹哨、街道报到——街道吹哨、部门报到"。

"小区里面杂乱无章的'飞线'好像一张张蜘蛛网,看起来很糟心。自从街道进行线缆整治改造,线顺了,心也顺了。"今昔对比,港云里社区居民李会霞非常感慨。

"飞线"问题并非一般的"卫生死角",需要重新安装布线,仅凭社区自身力量无法解决,社区将"哨声"吹至街道。街道经过分析研判,发现此事涉及电信、网信等多家企业和职能部门,将"哨声"吹至区网信办、区城管委等相关部门。声声"哨响",多方合力,还给小区一片敞亮的天空。

党的二十大报告强调"健全基层党组织领导的基层群众自治机制"。港云里社区不断完善三级吹哨机制,把"启动哨"放到居民手里,让"验收单"回到居民手中,做到事事有回应、件件有落实。一声"哨",吹响了社区共治共享的"好声音",畅通了基层治理的"神经末梢"。

2019 年,习近平总书记视察天津时对社区工作作出重要指示:社区工作是具体的,要坚持以人民为中心,摸准居民群众各种需求,及时为社区居民提供精准化精细化服务。港云里社区牢记总书记嘱托,在精准化精细化服务上持续发力。

为将"红色议事厅"议事方式和三级吹哨机制落到实处,精准精细服务社区居民,港云里社区党委抓准落细网格化管理,打造社区治理"全科网格"。

港云里社区党委下设 10 个支部,建立了 1 个隶属党员群、1 个在职党员群和 10 个网格居民微信群,有力统筹起包括 80 名楼栋长、238 名志愿者等在内的群防群治力量,初步形成"1+1+N"的群防群治管理架构。网格员通过日常巡访、微信群,与居民唠家常、讲政策、做宣传,实时掌握房屋现状和人员动态,守护社区的平安和谐。

"完善网格化管理、精细化服务、信息化支撑的基层治理平台",港云里社区深入学习践行党的二十大精神,进一步完善优化网格化管理,"有事找网格员"已成为社区居民的口头禅。

如今的港云里社区,生活环境更舒心,邻里更和睦,居民群众心贴心、手牵手,共建更加美好的幸福港湾。

记者手记：

社区是党和政府联系服务群众的"最后一公里"。党的二十大报告强调要"着力解决好人民群众急难愁盼问题"。港云里社区深入贯彻落实党的二十大精神，努力把握实际问题和居民群众需求，持续优化社区治理体系，不断提高居民的获得感、幸福感、安全感。

（原载于《求是》2022 年第 23 期，
《求是》杂志记者 陈有勇 天津日报记者 丁佳文）

后 记

2013 年习近平总书记视察天津，对天津工作提出"着力提高发展质量和效益，着力保障和改善民生，着力加强和改善党的领导"重要要求。十年来，在以习近平同志为核心的党中央坚强领导下，天津市委团结带领全市广大干部群众深入学习贯彻习近平新时代中国特色社会主义思想，牢记殷殷嘱托，认真贯彻落实习近平总书记对天津工作"三个着力"重要要求和一系列重要指示批示精神，主动融入京津冀协同发展重大国家战略，坚定不移走高质量发展之路，坚定不移践行以人民为中心的发展思想，坚定不移推进全面从严治党，持续净化修复政治生态，天津经济社会发展发生影响深远的重大变化。

今年是全面贯彻党的二十大精神的开局之年，是天津全面建设社会主义现代化大都市的关键之年。天津在全面学习、全面把握、全面落实中行动化、具体化、实践化推动党的二十大精神贯彻落实，组织实施"十项行动"，积极探索全面建设社会主义现代化大都市的实践路径，进一步把天津发展优势转化为高质量发展的实际成效，努力把党的二十大擘画的宏伟蓝图转化为天津高质量发展的"施工图""实景图"。

为深入开展学习贯彻习近平新时代中国特色社会主义思想主题教育，进一步推动深学细悟笃行党的创新理论，进一步推动习近平总书记对天津工作"三个着力"重要要求和一系列重要指示批示精神在津沽大地落地生根、开花结果，在习近平总书记对天津工作提出"三个着力"重要要求十年之际，天津市委宣传部组织"牢记嘱托启新篇"主题宣传活动。发挥天津市中国特色社会主义理论体系研究中心的平台作用，组织天津市社科联、南开大学、天津大学、天津师范大学、天津财经大学、中共天津市委党校、天津社科院、天津教科院、天津农科院、天津环科院、天津市建筑设计院等专家学者，组成调研组，围绕贯彻落实"三个着力"重要要求、高质量推进"十项行动"，开展专题调研。各调研组深入一线，摸实情、谋实策、重实效，认真调研，总结经验，提出对策，形成了一批高质量研究成果，现结集出版。

市委常委、市委宣传部部长沈蕾高度重视，提出明确要求，亲自审定调研方案和书稿内容。市委宣传部分管日常工作的副部长李旭炎部署指导、具体推动调研和编写工作。李清华、王立文、钟会兵、袁世军对书稿提出宝贵意见。市委宣传部理论处做好调研统筹、组织和书稿编写、统稿等工作。天津社科院、市中国特色社会主义理论体系研究中心为书稿集中统稿提供了有力保障。新华社天津分社、市科学技术局、市人力资源和社会保障局、南开大学、天津师范大学、天津海河传媒中心、市委支部生活社，以及滨海新区、和平、河西、河北、津南、西青、武清、静海区委宣传部和天津港集团等提供了相关图片，市有关部门和各区为各调研组开展调研给予很大支持，天津人民出版社派出骨干力量做好编辑出版工作。在此向所有给予本书关注、帮助、支持的单位和同志致以诚挚的感谢！

本书内容涉及面广，由于时间和水平所限，如有不当之处，敬请广大读者指正。

中共天津市委宣传部
2023 年 5 月